영원한 생명의 세계

영원한 생명의 세계

인간이 죽으면 어떻게 되는가

오오카와 류우호오 지음
행복의 과학 옮김

가림출판사

지금으로부터 이천오백 수십 년 전, 북인도北印度의 석가족 왕자 고타마 싯다르타(석존)는, 인간에게 왜 '생, 노, 병, 사'라는 사고四苦의 괴로움이 있는지, 그 물음에 대한 답을 구하기 위해 출가했다. 그리고 진리란 무엇인가, 선善이란 무엇인가를 찾아다니며 깨달음을 지향했다.

본서는 석존의 의문에 대한 대답이다. 길을 잃고 헤매는 종교가에 대한 인도임과 동시에, 무명無明인 채 사는 현대의 의사나 과학자에 대한 엄한 경종이기도 하다.

최초에 진리를 발견하고 확신하는 것은 어느 시대에나 단 한 사람이다. 그리고 그 진리를 전하고자 하는 정열이 사람의 마음에서 마음으로 전해져서, 시대를 거쳐 많은 사람들에게 각성을 불러일으킨다.

본서는 진실한 세계의 비밀을 아는 종교가로서의 내 사명을 건 책이며, 반드시 후세에 남겨야만 할 진리이기도 하다.

행복의 과학 창시자 겸 총재
오오카와 류우호오 大川隆法

차례

제 2 장 사후의 혼에 대하여(질의응답)

제5장 **영원한 생명의 세계**

제1장

죽음 앞에서는 평등하다

종교라는 분야는 왜 존재하는가

종교가는 죽음에 대한 전문가이어야 한다

종교에서 중요하게 생각하는 테마 중 하나인 죽음의 문제에 대해서 이야기하고자 한다.

종교라는 분야가 왜 존재하는가에 대해 '종교가, 또는 종교를 담당하는 사람들은 죽음에 대한 전문가이어야 한다'는 것이 정답이다.

지금은 병원에서 죽는 사람이 많아 죽음의 문제가 의사만의 일인 것처럼 된 부분도 있지만, 근본적으로 의학에 한계가 있는 것은 명백하다.

'신체적인 문제밖에 다루지 않는다'는 점이 의학의 한계이며, 그런 의미에서는 의사에게 인간의 죽음에 대한 진정한 의미와 사후의 세계를 취급할 능력은 없다고 생각한다.

그런 의미에서 현재에 이르러서도 종교가 지닌 사명은 크다.

'인간의 죽음이란 무엇인가?'에 대한 의학적인 판정 기준은 바뀌는 일도 많은데, 영계의 진실을 알고 나면 의사는 대단히 사소하고 하찮고 시시한 논의를 하는 것처럼 보인다. 정말로 가장 중요한 점이 논의되고 있지 않고 있으며, 알지 못한다는 느낌이다.

생로병사는 종교의 근본 문제

생로병사는 불교의 기본적이고 중요한 테마로 석가모니가 출가한 이유 중의 하나로도 꼽힌다.

" '인간은 왜 태어나는가? 왜 늙는가? 왜 병이 드는가? 왜 죽는가?'라는 물음에 대해 속시원히 답해주는 사람이 있다면, 출가를 단념하고 왕궁에 남아 부왕의 뒤를 이어도 좋다. 그러나 아무도 답해주지 않는 상황이었다"고 석가모니는 말하고 있다.

이 생로병사의 문제는 철학의 근본 문제이기도 하지만 종교의 근본 문제이기도 하다. 다만 사후의 세계까지 포함하면 종교의 문제에 가깝다고 볼 수 있다.

'인간은 왜 태어나는가? 왜 이 세상에 태어나는가?'에 대해서 일반적인 상식으로는 답을 할 수 없다.

죽음의 정의에 관해서 '심장이 멈췄을 때다, 뇌파가 멈췄을 때다' 등 여러 가지 의학적으로 다루어지고 있듯이, 생生의 순간에 관해서도 '언제부터 시작되는가?'에 대한 논의가 있을 것이다.

'생물학적으로 정자와 난자가 만났을 때부터 시작되는가? 혹은 어머니의 태내에서 인간다운 모습의 형체가 생겼을 때 시작되는가? 과연 언제부터 시작되는가?' 생명의 기원 자체가 애매모호하다.

최근에는 로봇도 상당히 진화하여 신체의 기능만을 비교한다면, 생명체와 로봇과의 사이에 구별이 잘 되지 않는 부분도 있다. 인간과 동물 모습의 특성을 갖춘 로봇들도 나왔으므로 구별하기가 더 어려워지고 있는지도 모른다.

이런 생生의 문제, 탄생의 문제가 있다.

그리고 누구든지 인식하는 현상이지만 '인간은 왜 늙는가'라는 문제이다.

예로부터 늙어서 죽는 현상을 막고 싶은 불로불사不老不死, 장수의 소망을 가진 사람은 진시황秦始皇을 비롯하여 많이 있었지만, 세상 어떤 영웅호걸이라 해도 그 소원이 이루어진 적은 없었다. 나이를 먹지 않는 일과 죽지 않는 일은 막을 수 없는 자연의 섭리이다.

또 질병의 문제, 병이 드는 문제도 있다.

질병의 문제는 현대의학의 발달로 인해 많이 극복되고 있고, 인간의 수명도 나날이 연장되어 몇몇 국가에서는 고령화가 심각한 문제로 대두되고 있는 실정이다. 그러나 여러 가지 연구가 이루어지면서 의학이 발달하는 반면, 그동안 알지 못했던 질병의 종류도 많이 늘어나서 질병의 범주에 포함되는 경우도 많아지고 있다. 그와 같이 어떤 질병이든지 자체가 완전히 없어지는 일은 없을 것이다.

질병이 발생했다는 것은 신체에 이상이 왔다는 신호이다. 고장나지 않는 기계나 로봇이 없는 것처럼 인간의 육체도 고장나지 않고 영구히 사용할 수 없는 것이다.

현대 과학은 생명을 이해하지 못했다

생로병사라는 근본 문제에 대해 현대 학문으로 어느 부분까지 정의를 내릴 수가 있을까? 특히 생과 사에 대한 부분은 아무리 과학과 의학이 발달한 현대에 와서도 명확하게 정의를 내릴 수 없는 문제이다. 오랜 기간 연구를 거듭하여 클론clone이나 복제인간을 만든 수준이 되어도 그 결과를 가지고 인간 생명을 이해할 수 있는 단계까지 접근하기는 어렵다.

종교에서는 '누구나 살아있는 동안에 실험을 통해 확인할 수 있다는 형태가 아니라 극히 소수의 사람들이 진리를 전하여 믿느냐 안 믿느냐라는 최종 판단을 제시하고 나선다'는 것이다. 그 때문에 현대적으로는 다수결의 원리로 승인하기는 어렵고, 또 과학적 실증이라는 의미로서도 매우 승인하기가 어렵다.

그러나 지속적으로 말해야 할 바는 계속해서 말해야 할 것이다.

현대에는 의학, 생물학이 진보하여 수많은 연구가 행하여져 복제複製를 할 수 있게 되었다.

나아가서 최근에 발간된 책에 의하면, 옛날부터 종교에서 '혼이 있고 인간은 다시 태어난다'는 식으로 보았던 것을 좀 더 다르게 파악하는 경향도 있다.

생물학자 등은 연구를 통해 '결국 무언가 혼의 본질 같은 것이 파악된 것 같다'고 말한다.

'인간은 육체가 있어 아기로 태어나 성장하고 노쇠하여 죽어간다. 그러나 또 아이가 생기고 손자가 생긴다는 형태의 개체個體로서 이어진 것처럼 간주되고 있지만, 사실은 그렇지 않다. 사실은 혼의 본질에 해당되는 것이 유전자다'라는 의견도 있다.

리처드 도킨스의 ≪이기적인 유전자≫에는 '유전자 그 자체가 스스로 살아남기 위해 자자손손 몸을 계속해서 만들고, 몇 번이고 재생하여 100년이나 200년 계속 살아가려고 한다. 살아남는 것이 유전자다'라는 의견을 피력하고 있다.

최근의 생물학이나 의학의 유물론적인 탐구방식으로 나아가면 그렇게 될지도 모른다. '인간은 부모로부터 유전자를 반씩 받아서 새로운 유전자를 만든다. 그러나 그 가운데는 확실히 원래 유전자의 일부가 살아 남는다. 나아가서 그 사람의 아이도 역시 부모로부터 유전자를 얻어서 태어난다. 유전자가 영원히 계속 살아가기 위해 생식이 있고 부모로부터 자식으로, 자식으로부터 손자로라는 흐름이 만들어진다'는 유물적인 견해이다.

그런 것을 연구대상으로 삼아 연구를 하는 사람에게는 그것 외에 생각할 수는 없겠지만, 조금 유감스러운 점은 있다고 여겨진다.

사람의 몸은 아무리 조사·연구해도 역시 도구에 지나지 않는다. 따라서 몸 그 자체를 분석해 봤자 본래의 의미나 사명까지 알기 어려운 면이 있다.

눈에 보이는 세계 이외의 힘이 작용하고 있다

과학에 의한 제1 원인론은 미신처럼 들린다

제1 원인론, '왜 세계가 생겼고 왜 인간이 존재하는가? 왜 태어나는 것일까?'라는 제1 원인에 대해 과학에서도 이 이론을 증명하기는 거의 불가능하다. 과학에 의한 설명을 들으면 들을수록 오히려 미신처럼 들리는 일이 많다.

'우연히 우주의 한 점이 폭발해서 흩어졌다, 우주의 가스가 모여서 별이 생겨났다, 암석이 부딪혀서 별이 생겨났다' 등 들을수록 믿기 어려운 이야기가 많이 나온다. 정말로 그런 일이 있었는지 묻고 싶어질 만한 이야기이다.

과학에서는 생명의 기원을 '최초에 작은 플랑크톤이나 미생물이 생겨나, 거기서 식물이 생겨나고 나아가서 동물이 태어났다. 그것이 생명의 기원이다'라는 식으로 이야기한다.

그러나 근대 세균 등의 연구에 의하면, 펄펄 끓여서 소독한 플라스틱 속에서는 생명이 생존하지 않는다는 것이 실험으로 증명되었다.

이전에는 파리든 뭐든 지구상에 존재하는 미생물은 저절로 발생했다는 식으로 간주되었는데, 이제는 대기大氣 중(대상물 중)에 그 원인이 있어서 생물이 태어난다는 것을 알게 되었다. '열탕 소독을 하여 완전히 소독한 후에 아무 것도 들어가지 않게 하면 생명은 태어나지 않는다'는 사실은 최근 100년, 200년 내에 증명이 된 일이다.

무릇 지구의 역사는 46억 년이라고 말해지지만, 최초에 지구가 작열灼熱하는 별이었음은 부정할 수 없고 누구나 그것을 인정한다. 그러나 '그 작열하는 별이 녹아서 불덩어리가 되어 불타던 가운데에서 어떻게 생명이 태어났는가?'라는 물음에 답하지는 못한다. 그 상태라면 완전히 살균되어 있었을 텐데, 그렇게 완전히 살균된 장소에서 생명이 태어난다는 말은 이상하다.

이와 같이 과학에서 최초의 원인론을 이야기하면, 결국에는 오히려 미신, 혹은 공상이 되는 면이 있다.

빛의 입자가 갖는 기능

눈에 보이는 세계 이외의 힘을 인정하지 않을 수 없다. '그와 같은 커다란 힘이 작용하여 일정한 방향성을 주고 방향 설정을 하여, 그것에 의해 이 세상에 그 힘이 미쳐서 진화가 일어난다'라고 생각하면 아주 잘 이해할 수 있을 것이다.

생명력의 원천은 태양의 빛이며, 그 다음에 산소와 수소가 결합하여 생긴 물과 이산화탄소, 이 탄소동화에 의해 그것이 에너지로 변하여 살아가는 힘이 되고 있다.

또 저 세상은 저 세상 나름으로 영태양靈太陽의 빛으로써 생명 에너지가 생긴다.

그리고 영태양의 빛의 입자가 이 세상과 저 세상 양쪽을 담당한 부분이 있다. 이것이 양쪽 측면을 가지고 있어서, 이 세상에서는 살아가는 생명이 되어 있다.

여름이 되면 식물은 무성하고 동물들도 활동이 활발해져서, 성장하여 자손을 만들고 생명을 많이 탄생시킨다. 그 모습을 보면 그것은 햇빛이 강해지는 것과 관계가 있음을 잘 알 수 있다. 역시 태양 에너지가 생명 에너지로 바뀌고 있는 것이다.

그리고 영계에 가면 이번에는 영태양의 에너지 부분이 인간의 영적인 몸을 만들고 있음을 잘 알 수 있게 된다.

이와 같이 빛의 입자 자체가 이 세상과 저 세상에 걸친 기능을 가지고 있어서, 이 세상에 나타날 때는 생명 에너지가 되고, 저 세상에 가면 영체靈體[1]의 에너지가 되는 현상이다.

영계 에너지 자체는 이 세상에서는 보이지 않지만 이것이 물질화하는 일이 있다. '영계의 요소가 이 세상에서 물질화 한다'는 일이 일어나는 이상, 이미 이 세상에 있는 존재를 변화시키는 일 자체는 상당히 자유롭다. 이 세상에 있는 것을 변화시켜 가는 그런 힘이다.

과학에서 말하는 진화론을 보면 우연이라고 밖에 말할 수가 없는 내용뿐이다. 근본적인 의미나 철학적인 부분이 없으므로 '우연, 우연, 우연'이라는 식이다.

그것은 비유하자면 '벽돌과 모래와 물과 시멘트를 평지에 놓아두면 바람이 불거나 열을 받거나 하면서 순식간에 집이 지어졌다'는 허무맹랑한 이야기와 가깝다.

과학은 인간 등의 고등동물이 생긴 과정, 인류가 생긴 과정을 그런 식으로 파악하고 있다.

---

[1] 영체 : 저 세상에서 영으로 존재하면서 인간과 같은 모습을 한 상태를 말한다.

동식물에서 보는 생명을 기르는 힘

그러나 '하등동물에게도 역시 그에 상응하는 혼이 있다'는 것이다. 그렇게 생각하지 않을 수 없다.

자연계를 보면, 예를 들어 아마존 강 유역에는 한국이나 일본에서는 볼 수 없는 곤충이 있다. 나뭇잎버마재비[2]라고 해서 새한테 발각되지 않도록 나뭇잎과 쏙 닮은 모습을 한 곤충이다. 어떻게 해서 그런 것이 생겨났는지 신기하지만, 적으로부터 몸을 지키기 위해서 나뭇잎과 똑같은 모습으로 변화시키는 것이다.

자연계에는 이보다 더 신기한 것이 많다.

이전에 보았던 텔레비전 프로그램에서는 인도네시아의 바다에 사는 문어를 다루고 있었다.

그 문어는 다양한 종류의 모습으로 변화를 할 수 있는 것으로서

---

[2] 나뭇잎버마재비 : 나뭇잎과 똑같은 모양의 곤충(Leaf Insect). 긴 다리와 허리와 복부가 나뭇잎과 닮은 몇 가지 곤충의 총칭으로 동아시아의 열대 지구나 호주에 분포한다. 암컷에는 나뭇잎 모양의 큰 날개가 있다. 몸의 색은 녹색이나 갈색으로 나뭇잎을 먹는다. 몸의 색과 형태는 태어난 환경 속에서 몸을 지키는데 도움이 된다. 단단한 껍질에 들어간 씨앗과 같은 알을 낳는다. 이 알의 외관도 또 자기네들을 잡아먹는 자의 눈을 속이도록 생겼다. 스리랑카에서 볼 수 있는 것이 대표종이며 몸길이는 대략 9cm이다. 작은 가지나 시든 잎처럼 보이며 몸의 색을 여러 가지로 바꾸어 생식장소의 식물과 똑같은 색이 될 수 있다. 대개는 초식성으로 나뭇잎 등을 먹이로 한다. 같은 종에서도 녹색의 것과 갈색의 것이 있고, 몸의 색에 의해서 숨는 장소를 선택한다.

제 1 장 죽음 앞에서는 평등하다

거의 잡힌 적이 없다.

보통 가자미 등이 모래밭 색깔과 비슷한 모습을 하는 일은 흔하지만, 이 문어는 문어인데도 바다뱀의 모습 등 전혀 다른 모습으로 변하는 것이다. 머리를 쑥 집어넣고 다리만 내놓고서 그 다리를 줄무늬로 만들면 바다뱀처럼 보인다. 그러면 바다뱀을 무서워하는 생물들은 도망간다. 그 이외에도 말미잘로 둔갑하거나, 다리를 착 붙이고 가자미 모양으로 헤엄쳐가기도 한다.

그때까지 거의 잡히지 않아 그렇게까지 다양한 모습으로 변화한다는 것을 알지 못했었는데, 그런 변신 문어가 있다. 바닷속에는 거울이 없기 때문에 자신의 모습을 직접 볼 수 있을 리도 없지만, 그렇게 해서 자신을 지키는 것이다.

그 문어는 자신보다 강한 상대가 나타났을 때에는 더 강한 모습으로 변화한다. 곰치나 바다뱀 등 강한 것, 독을 갖고 있는 동물처럼 둔갑해서 상대편이 무서워서 접근해 오지 않도록 한다.

반대로 상대를 먹이로서 노릴 때에는 약한 모습으로 변하여 안심시킨 후 상대를 방심시켜 먹어버린다.

문어라도 이 정도 일은 할 수 있다. 이런 능력은 우연히 획득될 수는 없다. 역시 그것들도 일종의 자기 몸을 진화시키려는 힘을 가지고 있다고 할 수 있다. 그렇게 생각된다.

또 남쪽 지역에는 난蘭꽃과 흡사한 버마재비라는 곤충도 있다. 난꽃과 똑같은 모양으로 몸을 바꾸어 꽃이라고 생각하고 날아오는 것을 잡아먹는 곤충이다.

곤충이 자신의 몸을 꽃 모양으로 바꾸는 일은 상상하기 힘든 신비로운 일이다.

그런 곤충이나 동물에 대해서도 지혜智慧의 힘, 자기를 바꾸어 가는 힘이 작용하는 것으로, 조물주의 힘, 신의 힘은 대단하다고 여겨진다.

또한 식물에게도 이런 류의 상상하기 힘든 능력이 주어져 있다.

여러분 중의 많은 분은 '어느 정도의 속도로 대나무가 성장하는가'에 대해서는 별로 본 적이 없을 것이다.

죽순이 가장 먹기 좋을 때는 겨우 땅 위로 나올락 말락 할 때부터 20~30cm 정도 올라왔을 때이다.

그런데 '내일쯤이면 딱 좋지 않을까'라고 생각하고 있으면, 그 이튿날에는 엄청 커져 버린다.

죽순이 나온 뒤에 1주일이 지나면 벌써 2m 정도가 된다. 2주일이 지나면 5m 이상이 되어 큰 대나무와 별반 다르지 않을 정도가 된다. 아직 가늘고 가장자리에 솜털 같은 하얀 가루가 붙어 있지만, 2주일 사이에 5m 이상이나 자라게 되는 것이다.

그것들도 막 싹이 났을 때에 먹히고 만다는 것을 잘 알고 있어서 '얼마나 빨리 성장할까'라는 데에 목숨을 건다. 성장해서 단단해지면 아무도 먹을 수 없지만, 막 나왔을 때에는 인간이나 동물이 서로 먹으려고 한다. 그래서 막 나온 죽순은 불과 사흘 정도에 쑥쑥 자라서 본능적으로 살아남는 데에 필사적이 되는 것이다.

그 성장 속도는 상상할 수 없을 정도이다. 2주일 만에 5m 이상이나 자라는 식이면, '그 원재료가 정말로 땅 속에 있을까?'라고 신기한 느낌마저 든다. 물로만 되어 있으면 몰라도 섬유질이 있어 단단해지기 때문에 '그만한 재료가 지면(地面) 속에 정말로 있을까?'라는 느낌이 든다.

이와 같이 자연의 조화로운 힘은 사람을 놀라게 하는 면이 많다.

삼라만상 속에서 동물이나 식물, 곤충, 어류 등이 살아가는 모습을 보고 '자연 속에는 생명을 기르는 커다란 힘이 작용하고 있다'고 인식하는 사람과 그것을 전혀 인식하지 못하는 사람과의 인생관의 차이는 클 것이다.

사람은 반드시 죽는 법이라는
각오를 하며 살아간다

인생은 한 장의 나뭇잎과 같다

인간도 이 세상에 태어나 살다가 죽어서 떠나가지만, 그것은 커다란 눈으로 보면 마치 식물의 잎사귀의 생성과 같다.

나무는 겨울 동안에는 전혀 살 것 같은 징조가 없는데도 초봄이 되면 새싹이 움튼다. 새싹이 났다고 생각하면 4월, 5월에 어린잎이 나온다. 그리고 빗물을 많이 흡수하고 탄소동화를 하여 영양을 나무줄기 속에 받아들이면서 6월, 7월에는 잎사귀가 많이 무성해진다. 그러다가 가을이 되면 색이 변해서 붉어지거나 노란색이 되어 잎이 떨어진다.

인생도 마치 한 장의 나뭇잎과 같다.

인간은 한 사람 한 사람이 각자 노력을 하는 듯이 보여도, 사실은 커다란 나무의 줄기로 이어져 있다. 혹은 뿌리에서부터 큰 나무에 이어져 있다.

거기에서 가지가 많이 나온다. 그 가지의 일부분이 일본인이기도 하고, 중국인이기도 하고, 한국인이기도 하고, 미국인이기도 하면서 가지가 여러 갈래로 나뉜다. 그 가지에서 또 작은 가지가 생겨난다.

이것이 그 지역마다의 ○○시, ○○도, ○○군으로 많은 사람이 살고 있다. 그리고 가족의 단위가 마지막에 존재한다. 그렇게 잎사귀가 되었다가 떨어지고 또다시 나고 떨어지는 형태와 같다.

동식물의 세계를 보아도 대개 그런 식으로 생명이 연면하게 이어진다. 죽는다는 것은 슬픈 일이지만, 잎사귀의 생성生成 · 소멸消滅과 다르지 않다는 뜻이다.

'제행무상諸行無常'의 사상이란 그런 내용이다.

이 세상은 생명으로서 계속 살아갈 수 있는 장치는 있다. 그러나 영원히 계속 살아갈 수는 없다. 자손을 남김으로서 형태를 바꾸어 살아남을 수는 있지만, 한 사람 한 사람의 생명은 결국은 이 세상을 떠나지 않으면 안 된다.

나뭇잎이 떨어져 가듯이 인간도 결국은 죽는다. 어떤 사람이라도 반드시 죽는다.

절대로 빗나가지 않는 예언이란, 아기가 태어났을 때 '이 아이는 반드시 죽는다'라는 예언을 하는 일이다.

그러나 앞서 말한 사계절의 변화 속에서 나뭇잎의 운명을 생각하면, '나뭇잎이 떨어진다'는 것은 어떤 일이겠는가?

가을에 나뭇잎이 떨어지면 결국은 부엽토가 되어 영양으로서 남는다. 그리고 봄이 되면 나무는 그 영양을 빨아들여 새싹이 나고 어린잎이 나온다. 그렇게 이듬해에 새싹이 돋아나도록 하기 위해 나뭇잎은 떨어진다.

'영원한 생명이 있다면 이것만큼 좋은 일은 없다'고 생각할지 모르지만, 이 세상에 영원한 생명이 있다면 그것은 지옥일 것이다.

행복의 과학에는 '100세까지 사는 모임'이 있어서 인간은 100세 정도까지는 살아도 좋지만, 200세, 300세까지 살게 된다면 비극을 초래할 것이다.

200세, 300세까지 살면 자기를 알고 지내는 사람은 아무도 없게 되어, 마치 '우라시마 타로浦島太郞[3]'의 세계가 된다. 일본에는 '우라시마 타로가 용궁에서 3년을 놀고 왔더니, 그동안에 이 세상에서

---

3) 우라시마 타로 : 거북을 살려준 덕으로 용궁에 가서 호화롭게 지내다가 돌아와 보니, 많은 세월이 지나 친척이나 아는 사람은 모두 죽고, 모르는 사람뿐이었다는 동화의 주인공.

제 1 장 죽음 앞에서는 평등하다

는 300년이나 흘렀다'라는 설화가 있다. 용궁에서는 눈 깜짝할 새에 시간이 흘러간다는 것이다.

300세까지 살면 그것은 큰일이다. 주위 사람들이 모두 변하고 시대도 바뀌어 틀림없이 쓸쓸할 것이다.

따라서 '다른 사람들처럼 전생윤회를 하여, 태어나서는 성장하고 늙고 죽어서, 또 다른 기회에 태어날 수 있다'는 것이 즐거운 일이다.

이렇게 생명의 세계는 전부 순환하면서 발전해 가도록 되어 있다.

새로 태어난 사람이 공부해서 실력을 기르고 어른이 되어 일을 할 수 있게 된다는 것은 대단히 즐거운 일이다. 그러나 나이가 들면 모든 것이 굳어지고, 또 예전에 배우고 익힌 낡은 것들도 많이 남았기 때문에, 100세 이후에 새로운 지식을 배운다 해도 받아들이기가 힘들어진다.

가령 조선시대에 태어난 사람은 '조선시대에는 이랬다. 일제시대에는 이랬다. 해방 후에는 이랬다'고 여러 가지 역사에 대해 알고는 있으나, 새로운 시대에 따라갈 수는 없게 된다.

역시 나뭇잎으로서 떨어져 얼마쯤 있다 다시 한 번 태어나는 쪽으로 살아가는게 쉽다. 낡은 것을 버리기는 어려우므로 다른 경험을 얻기 위해서는 이 세상을 떠나는 일이 필요해진다.

그런 장치로서 사람에게는 수명의 한계가 있어 반드시 이 세상을 떠나가도록 되어 있다.

그것을 억지로 막을 수는 없다. '죽는다'라는 운명 앞에서는 평등하다. 또한 '죽음'이라는 사실 앞에서는 어떤 사람의 주장도 통하지 않는다.

죽음은 갑자기 찾아온다

죽음은 어느 날 갑자기 찾아온다.

해안에서 놀고 있으면 어느새 조수潮水가 밀려와 있듯이, 어느 날 갑자기 이 세상에서 목숨이 끝나는 시기가 온다.

역설적으로 말하면 '사람은 반드시 죽는 존재다'라는 각오를 빨리 할 수 있는 사람일수록 이 세상에서 주어진 인생을 의미 있게 보낼 수 있다. 그것을 의식하지 않은 채 허송세월을 보내다 보면 죽음은 갑자기 찾아온다. 그것은 언제 닥쳐올지 모른다.

누구라도 평균 수명을 중심으로 인생설계를 하겠지만, 예정대로 안 되는 일도 있다. 그러므로 언제라도 이 세상을 떠나더라도 '세상에 일정한 도움을 줄 수 있다. 다음 기회에 또 그렇게 하고 싶다'는 마음으로 떠날 수 있는 삶을 살 필요가 있다. 그것을 깊이 생각할 필요가 있다.

대부분의 사람은 '죽음은 슬픈 일이다'라고만 생각하겠지만 '내가 죽은 뒤에 어떤 일이 남을까'를 늘 생각하는 일도 대단히 중요한 일이다.

많은 사람들의 사후의 모습을 볼 때에도 '정말로 마음의 준비가 안 되어 있었구나'라는 것을 절실히 느낀다. 애초에 사후의 세계가 있다는 것 자체를 모르는 사람, 인정하지 않았던 사람이 대다수이므로 전혀 준비할 수도 없었겠지만, 죽음은 갑자기 찾아온다. 그때에 가서야 지상에 있는 모든 것에 집착해도 어쩔 도리가 없다.

죽어서 영이 되면 슬프게도 이 세상 사람에게 자신의 목소리가 들리지 않는다. 아무리 이야기해도 들리지 않고, 전날까지는 만질 수 있었던 가족의 몸도 만질 수가 없다.

어떤 의미로는 가혹한 일이다. '내 목소리가 상대에게 들리지 않는다. 이야기해도 상대는 들어주지 않는다. 상대의 손을 잡으려 해도 잡을 수 없다. 상대를 껴안으려고 해도 몸속으로 통과하고 마는 상황'이다.

이것이 현실적으로 찾아오는 세계이다.

유언을 할 수 있었던 사람보다 할 수 없었던 사람이 많으므로 '죽은 다음에는 집착을 남겨서는 안 된다'는 말을 해도 대부분의 사람은 집착이 남는다.

따라서 '죽기 위한 준비는 태어날 때부터 시작되고 있다'고 알아야만 한다.

암 등 병에 걸려서 '6개월 시한부 인생', 혹은 '1년 남은 목숨'이라고 선고받고 죽는 사람도 있지만, 그 불운을 한탄할 필요는 없다. 100명이면 100명, 어떤 식의 사인死因으로든 반드시 죽기 때문이다. 노쇠하여 죽는 것이 행복한 일이지만, 암 같은 질병이든 교통사고이든 반드시 죽기 마련이므로, 그에 대해 불행이나 불우함을 한탄해도 소용이 없다.

'반드시 죽는다'는 것에 대해서는 각오해 두는 편이 좋다.

앞서 말한 대로, 사계절이 순환해 가듯이 생명이 다시 태어나고 있으므로 그 법칙에서 말하면 역시 몇백 살이나 될 때까지는 살지 않는 편이 좋다.

죽어 가는 사람이 있는 반면에 새롭게 태어나는 생명도 있다. 그것은 틀림없는 자연의 법칙이다.

영계에서의 새로운 경험

저 세상에도 육아가 있다

더러는 부모님보다 먼저 죽는 사람도 있으므로 '왜 이렇게 가혹한 일, 잔인한 일이 있을까?'라는 생각이 드는 경우도 있다.

그러나 여러 가지 경험을 하고 여러 가지로 느끼고, 삶을 사는 사람들을 일정한 숫자로 이 세상에서 영계로 공급할 필요가 있다. 그 때문에 아기일 때 죽는 사람이나 유아로 죽는 사람도 있게 된다.

그런 사람은 처음에는 죽었을 때의 모습 그대로 저 세상으로 이동한다. 저 세상에서도 아기를 보살피거나 유아를 기르거나 초등학생을 양육하고 교육하는 등의 혼수행을 하는 사람들이 있다. 그런 사람들을 위해 새로운 혼이 제공될 필요도 있다.

저 세상에 돌아가더라도 이 세상에 살았을 때의 육아 부분에서

후회가 남은 사람 등은 혼(魂)을 육아하는 연습을 하면서 이 세상에서 하다 남은 부분을 수행하는 일도 있다. 또한 저 세상에 가서도 아이를 좋아하는 사람, 아이를 키우거나 아이와 놀아주거나 아이를 지도하기를 좋아하는 사람도 많이 있다. 그런 사람을 위해 역시 아이 혼의 공급도 필요하다.

물론 죽어서 저 세상에 돌아가면 나이는 자유자재로 바뀐다. 그것은 저 세상에서 영적인 존재의 의미에 대해 깨달은 사람의 경우이며, 보통은 죽은 후 1년에서 3년 동안은 죽었을 때의 모습을 하는 경우가 많다.

그와 같이 저 세상에서도 육아를 담당하는 사람이 있다. 아이를 양육하는 사람도 있고, 학교 교사처럼 가르치는 사람도 있다.

저 세상으로 갈 때에 나이가 든 사람이 많은 것은 사실이지만, 저 세상에서는 연령대가 다양한 사람들이 오는 편이 고마운 법이다. 그런 새로운 경험을 쌓는 사람이 많이 있기 때문이다.

천사가 될 예비군은 죽은 사람을 인도하는 일을 한다

저 세상에서는 지도자를 가리켜 '천사'나 '보살' 등 여러 가지로 부르는데, 그런 지도자가 되려는 사람들에게는 그것을 위한 훈련

을 쌓을 기회가 필요하다.

그들이 처음 초급자로서 주어지는 일이 죽어서 저 세상으로 옮겨 온 사람들을 깨닫게 하고, 이 세상의 일에 대해 집착을 끊게 하고, 저 세상의 생활에 익숙해지도록 인도하는 일이다. 이것은 저 세상에 간 사람들이 맨 처음에 하는 일이다. 우선 이것을 해야 한다. 저 세상에서 천사가 될 예비군은 모두 훈련으로서 반드시 죽은 사람들을 설득하거나 저 세상의 생활에 적응시키는 인도 역할을 하고 있다.

행복의 과학에서 많은 공부를 하고 수행했던 사람도 저 세상에 돌아가면 무언가 일을 하고 싶어한다. 처음에는 자기의 경험을 쌓아 저 세상에서의 깨달음을 얼마간 얻어야 하므로 우선 자신의 일이 중심이 되지만, 일정한 경험을 쌓고 깨우치게 되면 '나는 저 세상의 존재, 영존재이다. 이 세상과는 다르다'는 것에 대해 확실하게 알게 되고 할 일이 생긴다.

이 세상에서 저 세상으로 이동해 오는 수많은 사람들을 받아들이고 인도하는 일이다. 그 일을 해주는 사람이 없으면 모두 헤매게 되므로 그들을 가르쳐야만 한다.

행복의 과학에서 활약했던 사람들은 아마도 죽고 나서 몇 년 후에는 그런 일을 하고 있을 것이다.

그리고 어느 정도 이상 그 경험이 끝나면 영계의 조금 차원이 다
른 곳으로 가게 되어 새로운 수행이 시작될 것이다.

처음에는 저 세상에 돌아간 다음 몇 년 동안에 얻은 자신의 경험
을 바탕으로 하여 새로 죽은 사람들을 인도할 필요가 있다.

죽음을 자각시키기 위한 여러 가지 방편

그들은 방편으로써 여러 가지 형태로 모습을 나타낸다.

병원에서 죽은 사람도 많으므로, 그런 사람들을 설득하기 위해
의사의 모습을 하거나 간호사의 모습으로 나타나는 사람도 꽤 많
다. '그렇게 하지 않으면 신뢰하지 않는다. 본인은 아직 병원에서
투병하고 있다고 생각하기 때문에 어쩔 도리가 없다'고 하면서 의
사와 간호사의 역할을 맡는다. 우스운 표현으로 '둔갑해서' 나타
나는 것이다. 훌륭한 스님이 의사 모습을 하고, 여승들도 간호사
의 모습을 하고 나타난다.

그래도 상대방은 좀처럼 말을 듣지 않은 경우가 많으므로, 한 명
의 의사가 설득해서 듣지 않으면 여러 명이 나타난다. 의사가 3명
정도 나타나서 '자네는 이런 병으로 죽은 거야' 등으로 이야기하면
간신히 믿어준다.

저 세상에서 '최근의 의학은 바뀌었다. 사후의 세계는 이미 해명되었다. 자네는 이제 육체가 없다. 의학은 거기까지 와 있다' 등으로 이야기를 하면서 인도한다.

간호사도 일부러 '맥박이 뛰지 않네요? 맥박이 뛰지 않는다는 것은 죽은 것이 아닌가요?' 등으로 말하며 연기演技를 열심히 한다.

그것은 방편이지만, 그렇게 하지 않으면 그들은 믿지 않는다. 유물론의 깊고 깊은 영향에서부터 벗어나지 못한다.

지금 종교를 믿지 않는 사람들을 보고 여러분도 '그들은 죽어서 곧바로 천국으로 올라가겠지'라고는 생각하지 않을 것이다.

그들은 '죽으면 끝이다'라고 생각하기 때문에, 죽어서도 목숨이 있다는 부분에 대해 어떻게 설명을 해서 이해를 시키겠는가?

그들은 죽어서도 목숨이 있다고 하면 역시 '나는 죽은 것이 아니다'라고 생각할 것이다. '나는 아직 살아있다'고 생각할 것이다.

그래서 어떻게든 가정이나 병원 등 자신에게 친숙한 여러 곳으로 되돌아온다. 생전에 생활했던 장소로 되돌아오거나, 혹은 그런 장소에 있을 곳이 없으면 절, 교회, 신사神社 등 자신이 매장된 장소 부근으로 되돌아온다. 절에 가서 스님에게 푸념을 하는 사람도 있고, 교회에 가서 어슬렁거리는 사람도 있다.

죽은 후에도 생전에 종교에 일정한 인연이 있었던 사람이나 깊은 연고가 있었던 사람은 행복하다. 그 종교와 관련 있는 사람이 나타나므로 저 세상에서의 인도가 빨라지기 때문이다.

그런데 생전에 종교를 거부하여 인연이 없었던 사람, 종교관계에 전혀 연고가 없는 사람은 저 세상에 돌아간 다음에는 큰일이다. 누군가가 가서 설득해도 스스로 깨우칠 때까지 어쩔 도리가 없는 결과가 된다.

그런 때에는 자신이 죽은 것을 자각하지 못하는 사람들끼리 모아놓고 서로 '이제 웬만큼 알았다'는 생각이 들 때까지 같이 있게 해준다.

그들은 자기가 죽은 것을 이해하지 못한 사람이거나 자기가 죽었다고 생각하지 않는 사람들끼리이므로, 예를 들어 살인사건이나 폭력사건 등으로 인해 죽은 사람들끼리 같은 장소에 모아놓을 경우, 서로 때리거나 서로 죽이거나 한다.

이 세상에서 폭력단끼리 시비가 붙어 죽은 사람을 그런 곳에 몇십 명이나 모아두면 역시 금방 싸움을 벌이게 된다. 만나면 '어딜 쳐다봐?', '폼 잡고 있네' 등 이러쿵저러쿵 상대방에게 시비를 걸고, 상대방도 맞받아치면서 싸움이 시작된다.

그리고 실제로는 있지도 않은데 단도를 꺼내어 상대방을 푹 찌른다. 그런데 '죽었겠지'라고 생각했는데, 죽었을 상대가 벌떡 일

제 1 장 죽음 앞에서는 평등하다

어난다. '뭐야, 이 녀석? 또 살아났잖아?'라고 생각하고 있으면 이번에는 상대가 '복수를 해주마'라고 푹 찌른다.

이런 짓을 끝도 없이 되풀이한다. 죽이고 죽여도 상대가 죽지 않는 신기한 세계여서, 이상한 기분이 든다.

처음에는 죽음을 당하거나 하면 아픈 느낌이 들지만, 그것을 몇십 번, 몇백 번 되풀이하면, 이상하다는 느낌만 들게 된다. '프로 레슬링도 아닌데, 이상하다'는 느낌이 든다.

'피가 난다는 생각도 들었는데, 아프지 않다고 하면 아프지 않다', '상처에서 피가 나와도 얼마 있으면 상처가 아물어 없어진다. 이상하다', '목이 잘렸는데도 다시 살았다' 등 우스운 이야기 같지만 이런 짓을 정말로 하고 있다. 이렇게 하지 않으면 깨우치지 못하는 사람들이 있다.

그들을 인도하는 사람들은 이것을 끝없이 시키고 나서야 비로소 알아차릴 만한 시기라고 생각되면, 앞에서 말한 의사와 간호사는 아니지만, 이번에는 스님이나 비구니의 모습이 되어 설교를 1시간 정도 한다.

그래도 '이 사람은 아직도 자신의 상황을 알아차리지 못했구나'라고 생각되면 또 한 번 다른 곳에 가게 하여, 수행장修行場을 순례시킨다.

영계에서의 경험치를 늘린다

천국이 아니라 지옥, 지옥까지는 가지 않더라도 영계에서 일정한 경험을 쌓으면 경험치 經驗値가 늘어난다.

마치 포켓몬스터 pocket monster [4]같은데, 경험치가 늘어나니까 신참과 약간 오래된 자와는 경험의 차이가 있다.

그래서 같은 곳에서 몇 년 정도 지낸 사람은, 새로 들어온 사람이 예전의 자기와 똑같은 짓을 하는 것을 보면, '죽여도 상대방은 죽지 않고 다시 살아나니까, 쓸데없는 짓이야'라는 식의 충고를 한다. 스스로 설교를 하기 시작한다.

그리고 나서 다른 곳에 가면, 다른 방법으로 죽은 사람들이 있다. 빌딩의 옥상에서 뛰어내려 죽거나 폭포 위에서 떨어져 죽은 자살령 自殺靈들이 모인 곳도 있다.

조폭(조직 폭력배)처럼 사람을 몇 번이나 죽여서 싫증이 난 사람들이 그런 곳에 가면 어떻게 하겠는가?

---

[4] 포켓몬스터 : '포켓몬'이라고도 하여, 몬스터 볼(monster ball)로 포획할 수 있어서 그 명칭이 붙은 생물. 포켓몬스터의 세계에서는 포켓몬스터를 애완동물로 삼거나 싸워서 다른 사람과 서로 경쟁시키거나 하는 사람이 있고, 개중에는 악용하는 사람도 있다. 그런 포켓몬스터의 세계를 무대로 한 애니메이션이나 게임을 말한다.

높은 곳에서 뛰어내리려는 사람을 보고, '뛰어내려 죽으려는 거겠지?'라고 생각하고 있으면, 그 사람은 쿵하고 떨어져 몸이 부서져서 피가 나와 죽는다.

그런데 잠시 있으면 흐느적흐느적 움직이기 시작한다. 그 사람은 또다시 높은 곳에 올라가서 또 뛰어내린다. 그러나 또다시 살아난다.

폭포 위에서 뛰어내리는 사람도 있다.

단도로 서로 죽이거나 했던 사람들은 그것을 보면 '죽어도 또 살아나니까 소용없는데, 왜 어리석은 짓을 반복하고 있는가?'라고 말을 꺼낸다.

그와 같이 경험치를 늘려 간다.

자기보다 경험이 없는 사람에 대해서는 설교를 할 수가 있다.

그래서 조폭이 자살자에게 충고하는 일이 시작된다. '나는 살아 있을 때에도 사람들을 많이 죽였고 이 세계에 와서도 몇백 명인가 죽인 줄 알았는데, 이 세계에서는 모두 다시 살아난다. 당신도 죽어봐야 소용없다. 뛰어내렸을 때 잠깐 동안은 아프겠지만 아프다고 느낄 뿐 소용없으니까, 이제 그만두는 게 좋을 것이다'라는 식으로 충고를 하기 시작한다.

죽은 사람들끼리 그런 이야기를 하며 서로 가르쳐 주는 것이다.

유물론적인 사람을 설득하기는 어렵다

어느 정도 깨달음의 기연機緣이 있는 종교를 믿는 사람일 경우는 비교적 빨리 설득이 시작되어 저 세상에서의 인도가 순조롭지만, 이 세상에서 종교를 전혀 믿지 않았던 사람의 경우는 어렵다.

조폭 등이 아니더라도 이과理科 교사 등의 유물론적인 사람도 설득하기는 상당히 어렵다.

저 세상에 가도 확실히 식물도 있고, 꽃도 피어 있고, 강을 보면 물고기도 헤엄치고 있다. 그래서 그들은 '여기는 저 세상이 아니다'라고 우긴다. '여기는 이 세상이다'라고 우겨서 어찌할 도리가 없다. 그런 사람을 설득하기는 매우 어렵다.

그들은 특별히 악인처럼 행동했던 것은 아니지만, 현대의 학문에서 영적인 진실을 배우지 못했기 때문에 이해를 할 수 없을 뿐이다. 현대의 학문을 몇십 년이나 공부했기 때문에 머릿속이 온통 그것으로 꽉 차서, 버리려 해도 버릴 수가 없는 상태가 되어 있다.

'나는 이과 교사를 30년 동안 했다, 나는 대학에서 연구를 하고 있었다' 따위로 말하면서, 스님이 가서 이야기를 해도 여간해서 들어주지 않는다. 그들은 '무슨 소릴 하는 거냐? 자네는 종교학과지, 나는 물리학과다. 내 쪽이 머리가 좋다. 승려 따위에게 설득 당할

제 1 장 죽음 앞에서는 평등하다

것 같으냐?'는 식으로 주장한다. 자신 쪽이 시대의 최첨단이라 우수하다고 우긴다.

그리고 뇌신경외과 의사로 두개골을 잔뜩 늘어놓고서 '이런 것은 아무것도 아니다. 물건에 지나지 않아. 죽으면 끝이야' 따위로 말하는 사람도 있다. 두개골과 같이 자도 무섭지 않다는 뇌신경외과 의사는 많이 있다. 매일 두개골을 보거나 뇌를 포르말린에 담그거나 하면서도 아무런 느낌이 없다는 따위로 말하며 즐기는 사람들이다.

이런 사람들도 설득하기는 상당히 어렵다.

저 세상에서 그들을 인도하는 사람들도 '이런 사람들을 어떻게 설득할까?'하고 궁리한다. '이렇게 사상적으로 깊이 빠진 사람들에게 어떻게 해서 자기가 죽은 것을 알릴 수 있을까?'

그래서 여러 가지 수를 생각하지만, 이것은 이제 저 세상에서 사람이 죽는 현장에 입회시키는 수밖에 없다.

'어쩔 수 없구나. 영계에서도 의사로서의 일을 시켜줄까'라는 아이디어다.

저 세상에서 영체靈體로서 죽은 사람은 많이 나오므로 그런 사람이 모인 곳에 보내서 '외과수술이든 뭐든 원하는 대로 해 보십시오'라고 말한다.

그러면 그들은 끝없이 계속한다. '뭔가 이 세상과는 상태가 다른 것 같다'고 알 때까지 한다.

딱한 일이지만 행동에 있어서 악인이 아니더라도, 사고방식이나 사상이 잘못된 사람의 경우는 어렵다.

지금 이 세상의 사고방식이나 사상의 대부분이 어떤 의미에서 잘못되었다. 종교적 신조에 관해서는 사적인 영역으로 토요일이나 일요일, 또는 평일 저녁에 약간 종교적인 활동을 하는 일은 있어도, 일하는 시간 내에 활동하는 일은 없기 때문이다.

그러나 개인적으로 무엇을 믿는가에 따라 구제되거나 구제되지 않기도 하기 때문에, 종교를 믿지 않았던 사람들은 여간해서 구제하기가 어렵다.

그런 사람들에게는 지금 그들이 있는 현대풍의 지옥에서 한 동안 공부를 시키지 않으면 구제되지 않는다.

사상범은 무간지옥에 격리된다

많은 사람들을 잘못 지도한 사람의 경우는 저 세상에서도 역시 자기의 생각을 주장하고 있어서 상당히 어려운 면이 있다.

'사상범'으로서 저 세상에서도 거짓말을 하는 사람이 있다. 저 세

상에 가서도 다른 사람을 붙잡고서 ‘자네들은 살아있다’고 주장하
는 사람이 많다.

저 세상에서는 사람들에게 자신이 죽었다는 것을 깨우치게 하
고, 위쪽 세계로 올라가게 한다. 그런데 ‘자네들은 살아있다. 이상
한 녀석들이 와서 여기는 지옥이라고 말하는데, 저 녀석들은 미
쳤다. 자네들에게는 생명이 있다. 어떤 사정으로 조금 다른 세계
에 왔을 뿐이다. 여기는 이 세상이다’라고 주장하는 사람도 있다.

그런 사람은 유감이지만 격리해야 한다. 다른 사람들에게 너무
나쁜 영향을 주고 깨달음을 방해하도록 내버려두면 해악이 되므
로 격리해서 혼자 지내게 한다.

그것을 ‘고독지옥’이라고도 하고 ‘무간지옥無間地獄’이라고도   한
다.

그곳은 주변에 사람이 전혀 없고 아무 것도 없는 암흑천지이다.
가뭄으로 쫙 갈라진 땅처럼 황량하게 넓고 사방이 암흑이라 아무
것도 보이지 않으며, 풀도 시들고 나무도 시든 곳에 홀로 남겨져
아무도 만날 수 없게 하거나 깊은 우물 속과 같은 곳에 들어가 아
무것도 알 수 없는, 그런 일종의 감옥이다. 그런 격리정책도 있기
는 있다.

그들은 자기의 사고방식이 좀 더 정리될 때까지 다른 사람과 접

촉할 수 없다.

그런 우물 속과 같은 곳, 혹은 사람이 전혀 없는 사막과 같은 곳에 몇 년이나 방치되면 그들은 반성을 시작한다. '뭔가 이상하다'고 반성하기 시작한다.

그들이 '내가 잘못했던 것이 아닐까?'라는 생각에 다다를 때까지는 어떻게 해도 구제할 방법이 없다. 그 때문에 그들을 인도하는 사람들은 그들이 그렇게 생각하기 시작할 때까지 내버려둔다. 다른 사람과 접촉을 하지 못하게 하고 그냥 놔둔다. 그들이 '뭔가 나에게 잘못이 있었던 걸까'라고 겸허해지기를 기다린다.

생전에 지위가 있었거나 명예가 있었거나 명성이 있었던 사람, 부하가 많이 있어서 여러 사람이 시중을 들었던 사람은 반성하기가 상당히 어려우므로, 이런 고독한 곳에 혼자 방치한다.

그러면 그들은 반성하고 조금 온순해져서 다른 사람의 의견을 듣고 싶어한다. '누구라도 좋으니 와 달라. 누구라도 좋으니 사람의 목소리가 듣고 싶다. 가르쳐 달라'는 심경이 된다. 그때까지 방치한다.

그런 심경이 된 사람이라도 바로 구제할 수는 없다. 갑자기는 무리이므로 천사들도 아직 방편으로서 여러 가지 모습을 하고 인도한다.

그들에게는 우선은 영적인 경험을 쌓게 해주어야만 하므로, 그런 경험을 시킨다.

이렇게 사후의 세계에서는 이 세상의 가치관이 전혀 통용되지 않는다. 이 세상에서 살아갈 의미로서 소용이 있었던 사고방식이나 경험, 지식이 사후의 여행길에는 장애가 되어 방해를 하게 된다. 이것을 어떻게 청산하는가 하는 점이 중요하다.

따라서 죽음 앞에서는 모두 평등하다. 이 세상의 지위도 학위도 재산도 가풍도 아무런 관계가 없다. 이제 정말로 혼자이다. 하나의 혼으로서 똑같이 취급된다.

사후, 저 세상에서 행선지가 정해질 때까지

자신의 죽음을 믿지 않는 사람도 많다

죽은 사람을 관에 넣을 때 수의를 입혀서 넣는다.

이것은 나쁜 일이 아니다. 그렇게 하지 않으면 본인이 자기가 죽은 것을 알아차리지 못하는 수가 있기 때문이다.

생전에 유령 따위를 믿지 않았던 사람들은 수의를 입히고 머리에 삼각의 삼베천이 씌워져도 '그런 짓을 해서 속이지 말라'고 말할 것이다. '누군가가 연극이라도 하는 것이 아니냐?' 등으로 생각해서 말을 듣지 않을 것이다. 그래도 그렇게 '죽었다'는 형태를 만드는 일은 중요하다.

죽은 사람에게 수의를 입히고 스님이 독경을 하거나, 밤새 자신

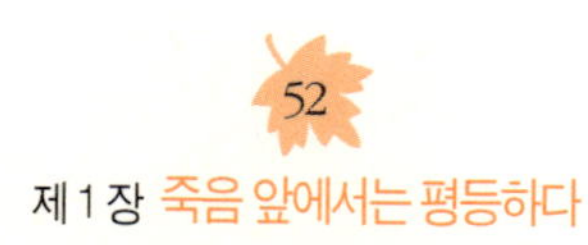

옆에서 울면 화내며 날뛰는 일이 많다.

내가 아직 살아있는데 죽은 사람 취급을 하다니 이런 못된 짓은 정말로 용서할 수 없다며 화내는 사람이 많다.

자식에게는 '네가 아무리 불효자라고 해도 이건 정말 도가 지나치다. 부모를 희롱하는 거냐? 내가 아직 이렇게 살아있는데 영정 사진을 놓고 향을 피우다니 못된 짓에도 정도가 있다'고 호통 치는 부모도 있다.

부인한테는 '나를 죽은 걸로 해놓고 다른 남자를 만날 셈이냐?'라고 화내는 사람도 있다. '내가 여기 멀쩡하게 살아 있는데 죽은 걸로 해놓고 재혼할 생각이면 용서할 수 없다' 따위로 허무맹랑한 말을 지껄이는 사람도 있다.

그들은 자기가 죽은 것을 믿지 않는다. 아직도 살아있다고 생각하기 때문에 어쩔 도리가 없다.

또한 그들은 '자신의 목소리가 상대에게 들리지 않는다'는 것에 대해 무섭게 화를 낸다. 무조건 주변 사람들이 말도 안 되는 인정머리 없는 행동을 한다고 호되게 나무란다.

그리고 병원에 가서 의사에게 '당신이 환각제나 마취제를 놓아서 내가 지금 환각상태에 빠진 거지? 아니면 도대체 나에게 무슨 짓을 한 거야?'라고 하면서 다짜고짜 화내거나 항의를 한다.

그러는 동안에 자신이 살아 생전에 먼저 죽었던 사람들이 찾아온다. 그들은 할아버지, 할머니이거나 학교 선생님이거나 친구들인데, 이미 죽은 사람들이다.

'죽은 사람이 찾아와서 좀 이상하지만 꿈을 꾸고 있는 거다'라고 합리적으로 생각한다.

흔히 꿈 속에서 죽은 사람을 만나는 일은 있으므로, 죽은 사람과 만나는 꿈을 꾸고 있다고 생각한다. 처음에는 '진짜인가'라고 생각하지만, 이윽고 '이건 꿈을 꾸는 거다. 할아버지, 할머니 꿈을 꾸는 거다'는 식으로 생각한다.

그리고 그들과 대화를 할 수 있음을 알게 되면, '이 사람에게는 내 얘기가 들린다. 살아있는 아내나 자식들은 전혀 내 말이 들리지 않는데 죽은 사람에게는 들린다. 이것은 꿈이니까 대화가 통하는 걸 거야'라는 식으로 생각한다. 그리고 '살아 있는 사람들은 전혀 말이 통하지 않아. 모두 고막이 터졌는지, 귀가 막힌 건지 옛날부터 귀가 먹었었는지 모르지만, 모두 안 들리나봐' 라며 화를 낸다.

그래서 더더욱 살아있는 사람을 비난한다. 혹은 병원의 실수로 약을 잘못 투여 받고 이상해졌거나 내가 모르는 곳에 격리되었다는 등 자신은 멀쩡한데 주변이 이상하다고만 생각한다. 그리고 죽은 사람이 와도 그것을 그리 간단히 믿지 않는다.

의식으로서의 삼도천

그런 사람들에 대해서는 어쩔 도리가 없으므로 영계에서도 죽은 것을 가르쳐주는 '의식儀式'을 해야 한다. 그렇게 하지 않으면 알지 못하기 때문이다.

그래서 제1 관문으로 유명한 '삼도천三途川'이 나온다.

보통은 강이 나오지만, 강이 없는 곳도 있으므로 사람이 죽었을 때에는 강이 아닌 것이 나타나는 경우도 있다. 가령 인디언 등이라면 늪지대가 나타나거나, 급기야 강은 나타나지 않고 산이나 호수, 망망대해가 나타나는 경우도 있다.

그러나 대개의 경우는 삼도천이라는 강이 나타난다.

삼도천은 그런 사람을 위해 여기저기에 만들어져 흐르고 있다. 이것이 근처에 없으면 매우 불편하므로 죽은 사람들이 곤란하지 않도록, 각 지역에 삼도천이 흐르게 하고 있다.

죽은 사람들이 그곳에 도착하면 먼저 수의를 입고 건너게 한다. 그들은 강변에 와서 '옛날 이야기에서 들은 적이 있다고 여겨지는 낯익은 강이 흐르고 있다'고 단순하게 생각하고 건너간다.

일단 물에 들어가면 차가운 느낌이 들어 '차갑다. 진짜 강이구나'라고 생각하지만, 금방 그것을 믿지 않게 된다. '나는 병원이나 집에서 자고 있는데, 몸이 차갑기 때문에 이런 꿈을 꾸는 거다. 몸이 차가운 거다'라고 생각하면서 강을 건넌다.

이 강을 건널 때 물에 들어가 첨벙첨벙 건너는 사람, 공중에 뜬 채 건너는 사람, 다리가 나타나서 건너가는 사람 등 여러 유형이 나타난다.

이것은 저 세상의 서비스의 차이에 지나지 않지만 이 세상에서의 종교적 수행에 따른 평가 여부에 따라 좋았던 사람일 경우는 다리가 나타나서 그 다리를 건너가거나 물위로 건너가고, 평가가 나쁜 사람일 경우는 차가운 물속에 들어가 건너게 한다.

강은 굉장히 맑은데, 강바닥에는 여러 사람들의 이름표나 명함, 돈 등 먼저 건넜던 사람들이 가지고 있었던 이 세상에서의 집착들이 잔뜩 가라앉아 있다. 그것이 보인다. 강바닥에 여러 가지 것들이 떨어져 있으므로 '뭐야 이것들은? 굉장히 이상한 강이네'라고 생각하면서 건너간다.

그렇게 해서 강을 건너가면 건너편에는 앞에서 말한 바와 같이 옛날에 죽은 사람, 즉 학교 선생님이나 할아버지, 할머니 혹은 일찍 죽은 자식이나 형제 등이 마중 나온다.

그런데 강을 건너는 도중에 '강 건너편에 있는 사람은 죽은 사람뿐인데 그들을 만나기에는 너무 빠르다'고 생각한 사람은 이 세상으로 되돌아오는 일이 있다. 혹은 도중에 뒤에서 '여보, 정신 차려요. 죽으면 안 돼요'라고 살아있는 가족의 목소리가 들리는 경우가 있다. 이것은 대개 병원이나 집에서 주위 사람들이 죽어 가는 자에게 매달려서 '죽지 마'라고 하면서 울부짖을 때이다.

그렇게 뒤에서 목소리가 들려와 돌아본 경우에는 대개 되돌아온다. 목소리가 들려도 돌아보지 않은 경우는 되돌아갈 수 없지만, 뒤돌아보았을 경우는, 중태였던 사람이 소생하는 경우도 있다. 대개는 뒤에서 소리가 들려온다.

강 건너편에는 죽은 사람들뿐이므로 건너가기를 그만두면 되돌아올 수 있지만, '저쪽은 죽은 사람들뿐이지만, 아름다운 곳이니 괜찮겠지'라고 생각해서 건너가면 영영 돌아올 수 없게 된다.

삼도천을 건널 때는 실제로 '영자선靈子線, 실버 코드silver cord)'가 끊어질 때이다. 육체와 영체 사이에는 후두부 부근에서 나온 영자선으로 이어져 있는데, 이것이 끊어질 때가 삼도천을 건넜을 때이다. 영자선이 끊어지는 이미지가 강을 건너는 이미지와 겹친다.

일본인의 경우에는, 저 세상으로 건너가면 그곳은 유채꽃밭인 경우가 많다. 일본인은 옛날부터 유채꽃이 피는 계절에 순례 등 여러 가지를 했기 때문에 영계에서도 그와 같이 나타난다.

순례자는 흔히 유채꽃이 피는 계절에 시코쿠四國에 있는 88개의

절을 순회한다. 봄 혹은 춘분·추분을 전후해서 각 사흘간을 합친 7일 간 정도이다. 그래서 저 세상에서도 유채꽃이 피거나 석산石蒜 (돌마늘)이 피어 있거나, 벚꽃이 피어 있거나 사람에 따라서 여러 가지가 피어 있다. 대개는 봄의 이미지가 매우 강하고, 춘분·추분 즈음의 이미지도 있다. 그렇게 아름다운 곳이라고 생각해서 삼도천을 건너가면 대부분은 돌아올 수 없게 된다.

그리고 차근차근 알아듣도록 설득이 계속된다.

평범한 사람이랄까 보통 사람의 경우, 대개 이런 식이다.

삼도천을 건너지 않은 경우

악한 행위를 일삼고 마음과 생각이 완전히 불신佛神의 생각과 정반대로 나쁜 짓을 거듭한 사람의 경우에는 그 삼도천조차 건너지 못하는 경우가 많다.

그런 사람은 마치 엘리베이터 위의 와이어가 끊어진 것과 같은 느낌이 든다. 강을 건너지도 못하고 지하로 떨어지는 식이다.

이것은 그 사람의 죄의 깊이에 따라 순식간에 떨어지는데 견디기 힘들 정도의 고통이 느껴진다.

그리고 너무 나쁜 사람일 경우는 떨어진 곳에서 우선은 혼자 있

게 되는 일이 많다. 사방 천지가 암흑인 곳에서 혼자가 된다.

그러고 나서 여러 형태의 지옥 순례가 차례로 시작된다.

생전부터 정말로 악령, 악마가 잔뜩 씌어 있었던 사람은 그렇게 되는 일이 많다. 몇십 년 동안이나 악령, 악마가 몇 체(體)나 씌어 있었던 사람은 순식간에 떨어진다. 이런 사람의 경우는 삼도천조차도 건널 수 없다. 거기까지도 가지 못하고 곧바로 떨어진다.

보통 평균적인 사람은 삼도천을 건넌다.

그 다음에 삼도천을 건너기 전, 육체에서 의식이 빠져나갈 때에 빛의 돔(dome)과 같은 것을 지나가는 체험을 하는 사람이 꽤 많다.

그것은 터널과 같은 것이라고 할 수 있을 것이다. 비유하자면 터널에 들어가기 전에는 춥고 눈이 쌓인 광경이었는데 터널을 빠져나오자 갑자기 눈이 녹은 따스한 지방에라도 온 것과 같은 느낌이다. 그와 같이 터널을 지나서 빛의 세계로 나오는 것과 같은 느낌을 맛보는 경우가 많다.

이것은 육체에서 혼이 빠져나갈 때의 감각이다. 그 비상(飛翔)하는 감각이 터널을 나오는 것과 같은 느낌으로서 들게 된다.

그 다음에는 이미 말한 삼도천을 건너는 일이 많다.

다만 터널에서 나오는 감각이 없는 채 갑자기 강변으로 나온다는 사람도 꽤 많다.

물론 생전에 어느 정도 깨달음이 깊어 종교세계 등에 대해 잘 알고 있었던 사람의 경우에는 그런 순서를 밟을 필요도 없이 처음부터 종교 관계자, 빛의 천사나 보살들이 마중 나오는 경우도 있다.

그 다음 저 세상에서 오리엔테이션이 있는데 대강 4차원 세계의 정령계精靈界 등을 보여준다. '저 세상의 영으로 바뀌었다'고 가르치기 위해 여러 곳으로 데려가서 보여주는 수가 있다. 이것은 일단 경험으로서 보아야만 한다.

그렇게 이 세상에서 저 세상으로 가는 입구 부근을 잠시 경험하고 나서 본래의 세계로 순차적으로 올라가는 일이 있다. 우선 5차원 근처로 올라가서 옛날에 알던 사람들과 잠시 생활한 다음, 원래 있던 세계로 점점 올라간다.

정말로 깨달은 사람의 경우라면 그럴 필요도 없이 일직선으로 올라가는 수도 있다. 그런 사람도 간혹 있다.

과거를 비추는 조마의 거울

보통 사람의 경우, 삼도천이 나타나지만 그 다음에 자신의 행선지를 정할 필요가 있다.

지옥으로 곤두박질하는 사람의 경우는 논외論外지만, 보통 사람의 경우 생전에 한 일을 청산할 때까지는 천국·지옥으로 나누어지기 전의 장소, 이 세상의 연장선상인 영계에 있게 된다.

거기서 흔히 말해지듯이 과거를 비추는 거울을 본다.

저 세상 사람과 여러 가지 이야기를 해본 바로는, 그들은 대개 '조마照魔의 거울'이라는 말을 사용한다. 그것은 생전의 악업惡業, 나쁜 짓을 한 것 등을 비추어 보는 거울이다.

그곳에는 아는 사람들과 인도하는 천사들이 와 있는 가운데 자신의 생전 몇십 년 동안의 생애와 개인의 역사를 보여 준다.

이 세상의 감각으로 상영시간은 1시간 정도로 꽤 짧게 느껴진다.

태어나서부터 여러 가지 인생의 전환기가 스냅사진처럼 찍힌 장면들이 나온다.

이 세상에 태어나면서부터 학창시절을 거쳐 결혼, 취직, 전직, 이혼, 파산, 재건再建, 자식의 죽음 등 여러 가지 일이 나타난다.

자신이 경험한 일들의 화젯 거리가 차례로 나와서 '그때마다 내가 어떤 식으로 생각했는가? 어떻게 생각하고 헤쳐 나갔는가?'라는 내용이 나온다. 이것은 시각적으로 보인다. 거울처럼 보는 사람도 있고, 스크린으로 보는 사람도 있지만, 대강의 인생이 죽 나온다.

이때 주변사람들이 배심원이 되어 그것을 보면서 '이 사람은 이런 판정'이라는 식으로 'ㅇ, △, ×'라고 반응을 나타낸다. '×, ×'라든지, 'ㅇ, ㅇ'라든지, '△, △'라는 이미지로서 나타난다.

인생 영화가 상영되는 동안 배심원의 분위기가 '이건 이미 틀렸다, 그런 대로 괜찮지 않나, 의외로 훌륭한 사람이다' 등 여러 가지 반응을 보이는데 본인도 스스로 알게 된다.

보통 정도인 사람, 즉 보통을 '100'으로 치면 '80에서 120' 정도의 사이에 들어가는 사람의 경우이다. '조금은 나쁜 짓을 했지만, 그렇게 아주 극악한 사람도 아니고, 조금은 좋은 일을 했지만 대단한 정도는 아니다'라는 사람이 대개 이 코스에 들어간다.

대강 과거를 보고 자기 갈 곳을 정한다. '이 결과로 보면 조금은 지옥도 필요하지 않을까'라고 느끼면 '할 수 없군. 지금 바로 지옥에 가겠습니다'라는 식이 된다. '3년 정도, 10년 정도 등 그 후의 코스가 이것을 통해 나뉜다. 본인도 납득되는 상황에서 행선지가 나뉜다.

이렇게 인생 영화를 상영하여 본인이 납득하면 간단하고 고마운 일이다. 더러는 죽는 순간에 이것을 주마등처럼 보는 사람도 있다. 예를 들면 등산가 중에 '높은 산에 오르다가 낙하하여 떨어지는 동안에 그것을 본다'는 사람이 가끔 있다. 그것은 몇 초秒에 지나지 않지만, 그 사이에 기나긴 인생이 쫙 펼쳐지는 것이다.

수호령은 생전 모습의 비디오를 찍고 있다

인간은 영체로서 육체에 깃들이는데, 상념을 포함한 인생 비디오는 기록 영화처럼 전부 정확히 찍히고 있다.

'거기에 자신이 비춰지고 있어서 이상하다'라고 생각할지 모르지만, 자신의 모습이 비춰진다는 것은 수호령이 자신의 모든 것을 찍고 있다고 보면 된다.

수호령의 직무로서 그 사람의 '생전 모습의 비디오'를 찍는 일이 있기 때문이다.

그 사람에게는 찍히지 말았으면 하는 부분도, 좋은 부분도 전부 찍힌다. 그 내용 전부가 죽은 후 스크린에 비쳐지고 그것을 보고 사후의 생활이 판정이 나는 것이다.

대부분 이것이 평균적인 사람의 경우이다.

거기까지 가지 않는 사람도 있다. 생전부터 반성하는 습관도 있고, 종교적인 깨달음도 충분하다면 죽어서도 별로 곤란할 것이 없다. 거의 알고 있는 타입은 비교적 이야기가 빠르다.

다만 영계는 이 세상과 물리법칙이 달라서, 움직이는 방법이 UFO를 타고 날아가는 것과 같은 느낌이므로 그 점에 익숙해야만 한다. 그러나 그럴 필요가 없는 사람도 있다.

그 다음에 지옥 중에서도 지옥 1번지라고 할까, 흔히 있는 대중적인 지옥에 갈만한 사람 중에는, 앞에서 말한 대로 '조마의 거울'로 자신의 모습을 본 다음에 가는 사람이 비교적 많다.

이것은 심판의 결과이며, 옛날이라면 염라대왕이 나왔지만 오늘날에는 거의 나오지 않는다. 다만 비디오가 상영될 때, 본인이 불평을 하지 못하도록 무섭게 생긴 사람이 앉아 있는 일이 있다.

예스러운 쪽이 이해하기 쉬운 사람에게는 염라대왕이 나올 지도 모르지만, 상영 시 앉아 있는 사람은 직업적으로 재판관이나 검찰관, 경찰관, 학교의 교장 선생님이나 교감 선생님 등 교육이나 사람의 범죄 등에 관련된 종류의 직업을 가졌던 사람들이다. 그런 사람들은 자신이 원해서 그 일을 하는 것처럼 보인다.

상영회 담당으로 앉아 있는 사람들은 대체로 그런 직업을 가졌던 사람이며, 특히 재판관은 안성맞춤이다. 염라대왕도 혼자서는 무리이고, 많은 수의 사람이 필요하다. 그만큼 인원이 없으면 도저히 감당할 수 없다. 그렇게 여러 가지 역할을 하는 사람이 있다.

사후에도 그런 인생이 전개된다는 것이다. 이것이 몇 년이나 몇십 년 후에 여러분에게 닥쳐올 미래이다. 이쪽이 진정한 세계이다.

따라서 '지금도 수호령에 의해 자신의 인생이 비디오에 찍히고 있다'고 생각하기 바란다. 벌써 투명유리를 통해 전부 다 훤히 드러나고 있다. 마음속에서 생각한 것도 전부 다 찍힌다.

살인을 저지르려다가 단념했다고 해도, 그때 '사실은 죽이고 싶었다'고 생각했었다면 그것이 네 컷 짜리 만화처럼 쫙 나온다.

따라서 생각도 잘 조율해 두는 편이 좋다.

그렇게 모든 것이 보이기 때문이다. 그런 마음의 소리까지 정확하게 기록되고 모습도 기록된다. 자신이 변화해가는 모습도 나온다.

누가 봐도 괜찮은 인생을 사는 편이 좋다

사후의 세계에 대해서는 좀 더 이야기를 할 필요도 있겠지만, 본 장에서는 '죽음 앞에서는 평등하다'는 내용으로 이야기했다.

이 세상을 떠날 때에는 어떤 사람도, 즉 어떤 권력자도, 아무리 머리가 좋다는 말을 들었던 사람도, 어떤 부자도, 어떤 미인도, 나이에 관계없이 모두 일정한 조건 하에 평등해진다. '죽음 앞에서는 평등한 것'이며 전부 '법정'에서 밝혀지게 된다.

그 모든 것을 확실히 알게 된 후에 사후의 세계가 기다리고 있다. 사후의 수행 코스로 생전 10배 정도의 시간이 든다고 보면 된다.

그런 것을 생각하면 될 수 있는 대로 이 세상에서 누가 봐도 괜찮은 인생을 사는 편이 좋다. 그것을 권하며 이야기를 마치고자 한다.

제 2 장

사후의 혼에 대하여
(질의응답)

죽을 때가 가까운 인간의 혼의 양상

> **Q** 죽을 때가 기까운 인간의 혼의 양상에 대해서
> 가르쳐 주십시오.

죽기 1년 전쯤부터 여러 가지 준비가 시작된다

인간이 지상을 떠나기 전에는 물론 혼에 변화가 나타난다.

영적으로 본 경우, 그 사람이 지상을 떠나는 일은 대개 1년 전쯤에 확정된다. 물론 운명으로서는 더 일찍부터 어느 정도의 예상은 되어 있지만, 실제로 지상을 떠나도록 확정될 때는 죽기 1년 전쯤

이다.

그러면 천상계 쪽에서는 맞이할 준비가 시작된다. ‘그 사람이 돌아올 때 어떻게 맞아들일까’에 대하여 수호령이나 그 밖의 아는 사람들의 마음의 준비가 조금씩 시작된다.

확실한 신호가 나타나는 것은 3개월 전쯤이다. 그쯤 되면 천상계 쪽에는 ‘드디어 이제 곧 돌아가겠다’는 통신이 확실하게 온다. 모르스 신호는 아니지만, 살아있는 사람의 혼 속에서 신호음이 울린다.

‘이제 돌아간다, 돌아간다, 돌아간다’라는 식으로 울리기 시작한다.

1개월 전쯤이 되면 혼 속의 일부가 변화한다. 혼 속의 일부가 육체에서 나와 이 세상과 저 세상을 왔다 갔다 하는 일이 상당히 잦아진다.

그런 사람은 자고 있을 때나 병으로 누워있을 때 등 표면의식이 그다지 확실치 않을 때 상당한 영계 체험을 하게 된다. 죽기 1개월 전쯤이 되면 대개 병을 앓거나 하겠지만, 그렇게 되면 침대에 누워있을 때에 상당한 영적 체험을 하게 된다.

그리고 ‘여러 가지 경치를 보고 왔다, 오늘은 이상한 사람이 왔다’는 등의 말을 하기 시작한다.

‘만난 적이 없는 사람을 보았다, 이상한 경치를 보았다’는 식으로 말하기 시작한다.

이것은 이제 저 세상에 갈 준비가 시작되었다는 것이다. 혼이 이쪽에 왔다 저쪽에 갔다 하기 시작하는 증거이다.

최후에 구체적으로 일시까지 확실해지는 것이 사흘 전이다. 사흘 전이 되면 확실해진다. 이때는 천상계에서는 ‘매뉴얼’이 만들어져서 ‘이 사람을 어떻게 맞아들일까’에 대해 거의 정해진다. 나머지는 그 사람이 숨을 거두기를 기다릴 뿐이다.

막상 숨을 거두면 그 후의 일은 또 여러 가지가 있지만, 죽기까지의 양상은 이렇다.

사후, 인간의 혼은 어떻게 되는가

Q 사후, 인간의 혼은
어떻게 되는 것일까요?

혼이 육체에서 떠나기까지의 상황

죽는 순간에 혼은 육체에 완전히 포개진 형태로 되어 있다. 영적으로 보아도 기껏해야 1cm나 2cm 정도 육체에서 나와 있을 뿐이며, 이중사진처럼 거의 겹쳐져 있다.

그리고 육체는 심장이 멈추거나 뇌파가 멈추거나 하는데, 그 단

계에서는 아직 진정한 의미의 죽음은 아니다. 그때는 혼이 육체 속
에 들어가 있다.

보통의 경우, 혼이 육체에서 떠나기까지 대개 하루에서 이틀 가
까이 걸린다.

장례식 첫날밤은 밤샘을 하면서 보내는데, 이것은 육체에서 혼
이 빠져나갈 시간을 주기 위한 것으로, 이때는 화장을 하지 않는다.

전통적으로 '혼이 떠나지 않은 동안에는 육체를 태워서는 안 된
다'고 알려져 있다.

죽고 나서 바로, 아직 혼이 빠져나가지 않은 때에 육체를 화장터
에 가져가서 불태우면 어떻게 되겠는가? 그것은 '당신이 지금 화장
터에서 불태워진다면 어떻게 될까'하고 생각하면 알 수 있을 것이
다. 그것은 공포이다. 엄청난 열이 가해지므로 대단한 공포심으로
가득하여 얼굴에 경련이 일고 관棺 속에서 날뛴다. 실제로 드물게
는 화장터에서 다시 살아나는 사람이 있다고 한다.

그와 같이 죽은 다음에 곧바로 화장된 사람은 고통 속에 괴로워
한다. 그래서 바로 화장하지 않고 기간을 둔다.

그러면 이윽고 매미가 허물을 벗는 것처럼 혼은 점차 육체에서
유리되어 간다.

우선 혼의 상반신 부분이 일어난다. 그 후 혼 전체가 몸에서 빠져

나와 공중에 떠오른다.

그때 혼과 육체는 머리 부분에서 나온 한 가닥의 줄로 이어져 있다. '영자선(실버코드)'이라는 선이다. 이것으로 이어진 동안은 아직 완전한 죽음은 아니다. 이것이 이윽고 뚝 끊어진다. 영자선이 끊어졌을 때 '완전히 죽었다'는 형태가 된다.

지상을 떠나 사후의 세계로

그 후 잠시 동안은 자신의 장례식이나 첫날밤 밤샘하는 모습, 그리고 자기가 화장터에서 불태워지는 장면을 스스로 보게 된다. 그리고 장례식장에 놀랍게도 자신의 사진이 걸려 있는 것을 보고 스스로 자신이 죽은 걸 알게 된다.

또한 각자에게는 수호령이 있어서 그 무렵에 수호령이 맞이하러 온다. 인간이 죽을 때는 수호령이 맞이하러 와서 '당신은 사실은 죽었다'는 말과 '지상에 대한 집착을 버려야 한다'고 차분히 가르쳐주고 나서 그 사람이 가야 할 장소로 데려다 준다. 그런 인도하는 과정이 있다.

그곳에는 대개 자기보다 먼저 죽은 집안사람이나 친구가 기다리고 있다. 그들은 눈물을 흘리며 이런저런 옛날 이야기를 하고, 이

육고 선배로서 사후의 세계에 대한 설명을 해준다.

그 후 제1 단계로서, 이제 막 지상을 떠나온 사람들만 있는 세계에서 잠시 동안 수행을 한다. 육체가 없는 생활에 익숙해지는 훈련을 하는 것이다.

그리고 몇 년인가 지나는 동안에 점차 이 세상에 태어나기 전에 자기가 있었던 세계로 돌아가게 된다. 그때에는 또 그 다음 스승 역할을 하는 사람이 와서 데려다 준다.

인간은 사후에 일반적으로 이런 과정을 거치게 된다.

제2장 사후의 혼에 대하여 (질의응답)

사후의 세계에서의 나이에 대하여

> **Q** 인간은 죽으면 죽을 당시의 나이 그대로, 아기는 아기,
> 노인은 노인의 모습으로 생활하는 것일까요?

사후 3년쯤에 자기가 원하는 나이의 모습이 될 수 있다

물론 죽을 때의 의식은 있다.

그러나 실제로 죽는 사람은 노인이 압도적으로 많다. 그러면 '죽은 당시 그대로의 의식이다'라면 저 세상의 세계는 '노인 천국'이 될 것이다. 이것은 우리가 생각하는 천국의 풍경과는 다르다. 그것

은 여기저기에 양로원이 세워진 모습 그 자체이다. 결코 그것이 나쁘다고 말하지는 않지만, 다만 일반적으로 말해지는 천국의 모습과 다르다는 것은 사실이다.

지상을 떠나서 잠시 동안은 지상적인 속성을 지우기 위한 기간이 있다. 이것은 사람에 따라 달라서 아주 단기간에 끝나는 사람, 원래 있던 세계에 곧바로 돌아가는 사람도 있지만, 평균적으로는 대개 3년 정도 걸린다. 3년 정도는 어디선가 지상의 때나 먼지를 벗기기 위한 수행을 한다.

그때에 자신의 혼의 본질을 알게 된다.

그 다음에 '영적 존재란 어떤 것인가'에 대하여 수호령이나 지도령에게서 철저히 배우게 된다. 그리고 '영계에서는 자신의 모습을 생각대로 바꿀 수 있다'는 내용을 배우고 실제 체험을 하면서 그것을 익힌다. 예를 들면 옷도 '이런 옷을 입자'고 생각하면 생각한 그대로의 옷이 나타난다. 그런 것을 실제 체험으로 배운다.

이것을 배우는데 평균 지상 시간으로 3년 정도 걸린다.

그 다음부터는 각자가 바라는 모습으로 지낼 수 있다. 나이가 든 모습을 좋아하는 사람은 그런 모습으로 지내고, 젊은 모습을 좋아하는 사람은 젊은 모습으로 지낸다.

아이의 혼은 천상계에서 어른으로 만들어간다

갓난아기의 혼은 죽을 때에 아기였다면 물론 의식은 아기인 채 저 세상에 돌아온다. 그래서 자기가 지상을 떠났다는 의미를 알지 못한다.

그 때문에 천상계 속에서 아기를 기르는 혼수행을 하는 영들이 있다. 그것은 지상에 있을 때에 아이를 낳은 적이 없는 여성들이다. 그런 여성들은 역시 혼수행이 남아 있어서 지상에서 할 수 없었던 혼수행을 내세, 즉 천상계에서 하는 경우가 많다.

아기를 기른 적이 없는 여성들이 이런 아기의 혼을 떠맡는다. 그리고 지상 시간으로 말하면 20년 정도, 아기가 어른이 될 때까지 시간을 들여서 그 혼을 어른으로 키워간다.

이런 일을 하는 사람들이 있다.

어린아이가 죽은 경우도 마찬가지이다. 천상계에 보육원이나 초등학교, 중학교에 해당되는 곳이 있고 교사들이 있어, 일정한 기간 아이의 혼을 교육하여 어른의 혼으로 만들어 간다. 지상에서 배우지 않았기 때문에 모르는 부분에 대해서 가르쳐 주면서 혼을 어른으로 길러간다.

결국 영계에서의 연령은 자유이지만, 다만 원하는 나이가 되기 위한 준비기간이 있다는 뜻이다. 그것은 보통 사람은 3년 정도이다.

이전에 마츠시타 코노스케松下幸之助 씨가 세상을 떠났을 때, 그의 영은 세상을 떠난 날 밤 10시 반에 내 거처를 찾아왔었다. 필자는 그와 10분쯤 이야기를 했는데, 그 후 마츠시타 씨는 범천계梵天界로 곧장 돌아갔다. 도중에 전혀 머무는 일 없이 곧바로 돌아갔던 것이다. 그런 혼도 있다.

지상에 있을 때에 어느 정도 영적 세계의 일을 알고 있으면, 죽은 다음에 그다지 반성기간이 필요 없다. 그런 사람은 원래 있었던 세계로 곧장 돌아갈 수 있다.

자살한 사람의 영은 어떻게 되는가

자살령은 지박령이 되는 경우가 많다

'자살령은 원칙적으로 천상계에 올라갈 수 없다'는 말은 사실이다. 사명을 다하지 못하고 목숨을 끊은 경우에는 대개 '천상계로 올라갈 수 없다'라기보다도 오히려 '지옥에도 가지 못한다'는 경우가 많다.

그들은 지옥에도 가지 못하고 이 지상의 어떤 특정한 공간, 예를 들면 자기가 자살한 장소 등에 머문다. 즉, 지박령地縛靈이 되는 경우가 많다. 지박령이 되지 않으면 대개 가족이나 친지 등이 있는 곳으로 찾아온다. 요컨대 저 세상에 갈 수가 없다. 지옥도 갈 수 없어서 자기의 생활범위 내에 머물러 있는 경우가 많다.

그런 사람이 깨우치는 데에는 상당한 시간이 걸린다. 개인적인 차이가 있지만 '그렇게 간단하게는 깨닫지 못한다'고 해도 좋을 것이다. 빠른 사람이라도 역시 몇 년 정도 걸리는 경우가 많다.

자살령이 천국에 가기 위한 조건

자살한 사람 전부 다 천국에 들어갈 수 없지는 않고 예외가 있기는 하다.

예를 들면 예술가 중에 몇 명인가 그런 경우가 있다.

일본에서 '백화파白樺派'5)의 작가인 '아리시마 타케오有島武郎'6)라는

---

5) 백화파 : 다이쇼大正시대 초기(1910년대)에 문예 잡지 '자작나무'白樺를 중심으로 활약한 인도人道주의적 작가의 한 파.

6) 아리시마 타케오 : 1872~1923년. 소설가. 만년에 사회주의와 부르조아 작가인 자기와의 모순으로 고민하여 재산 포기를 한 끝에 애인과 정사情死함. 저서《선언》,《카인의 말예》,《어떤 여자》,《증오 없이 사랑은 빼앗는다》 등.

제 2 장 사후의 혼에 대하여 (질의응답)

사람이 있는데, 이 사람은 보살계로 돌아갔다. 자살이라는 방법으로 죽었지만, 본디 사명이 있어서 인도주의를 퍼뜨리려는 입장에서 살았던 사람이므로 확실히 천상계에 돌아갔다. 그리고 '카와바타 야스나리川端康成[7]'도 천상계로 돌아갔다.

그렇게 천상계로 돌아간 사람도 있지만, 지옥에 간 채 지내는 사람도 다수임은 사실이며, 자살했을 때 자기가 어떻게 되는가는 하나의 도박이다. 따라서 자살은 하지 않는 편이 좋다.

일반적인 사람의 경우에는 자살하면 천국에 갈 수가 없다. 그러면 어떤 조건을 갖추면 천국에 갈 수 있느냐 하면 통상적으로 두 가지 방법이 있다.

한 가지는 '본인이 자각한다. 알아차린다'는 경우이다. 본인이 저 세상의 세계에 대해 알고 자기의 잘못을 뉘우치면 때가 되어 성불하는 일도 있다.

다른 하나는 대단한 행운으로 그 사람을 깨우치는 사람이 나타나는 경우이다.

---

7) 카와바타 야스나리 : 1899～1972년. 소설가. '문학시대'를 창간하여 신감각파新感覺派 문학운동을 추진. 1968년 노벨 문학상 수상. 마지막은 자살함. ≪이즈伊豆의 춤추는 여인≫, ≪감정장식(感情裝飾)≫, ≪설국雪國≫, ≪천 마리 학≫, ≪잠자는 미녀≫ 등.

그런 사람은 살아있는 가족 중에 있을 수도 있고, 살아있는 친구 중에 있을 수도 있다. 혹은 본인이 과거에 공덕을 쌓을만한 삶을 살았던 적이 있었다면, 이번에는 그런 식으로 죽었어도 때마침 인연이 있는 사람이 천상계에서 구하러 와주는 수도 있다. 그런 사람이 열심히 가르쳐 주어서 그 타력에 의해 깨닫는 것이다.

요컨대 그런 힘이 작용하려면 과거에 어디선가 그만큼의 공덕을 쌓아둘 필요가 있다. 덕이 없으면 안 된다.

자살자의 경우는 대개 에고이스트(이기주의자)이다. 자기밖에 생각하지 않고, 자기의 앞날에 희망이 없어지면 몸을 내던져 버리고 '모두 다 끝났다'는 사고방식을 갖는다. 이것이 나쁜 일이다.

자살한 사람의 성불 조건도 일반인의 성불 조건과 거의 같다. 다만 자살한 사람의 경우는 비참하게 죽은 만큼 어려운 점은 있다.

전쟁이나 재해에 의한 불성불령들의 공양

많은 사람을 공양하려면 상당한 에너지가 필요하다

그런 경우 불교적으로는 '천승공양千僧供養'이라고 해서 '1000명의
승려로 공양한다'는 방법이 있다. 지역 전체이면 규모가 크고 영靈
의 수가 많아서, 도사 한 명 정도로는 어려운 경우이므로 1000명

정도의 승려가 모여서 독경을 하는 식으로 한다.

즉, 염력念力을 강화하는 것이다. 집합 상념想念을 모아서 하지 않으면 공양할 수 없으며, 여러 사람이 행한다.

예를 들면 1995년에 일본에서 일어난 '한신대지진阪神大地震'처럼, 아주 많은 사람이 죽은 경우, 웬만해서는 천상계로 올라가지 못할 것이다. 공양을 하더라도 역시 상당한 에너지가 필요하다. 그것도 한 번 공양한 것만 가지고는 곧바로 올라가지 못한다. 개개인에게 이 세상에 대한 집착이나 원한도 있을 것이므로, 어느 정도로 성불하는가는 각기 나름이다.

지진 등으로 죽어도 저 세상을 믿었던 사람, 예를 들면 행복의 과학의 가르침을 믿었던 사람의 경우에는 거의가 곧바로 성불할 것이다. 그것은 괜찮다.

다만 살아있을 때 종교나 저 세상을 전혀 믿지 않았던 사람, 그것을 부정했던 사람은 지진 등으로 죽으면 무슨 일이 일어났는지 좀처럼 알 수 없어 곧바로 성불하지는 못한다고 볼 수 있다. 생전에 종교나 저 세상을 부정하다가 별안간 죽게 된 사람은 생전의 삶에 집착하고 있으므로 평균적으로 3년 정도는 대개 지상 부근에서 방황하게 된다.

그들은 '뭐가 뭔지 모르겠다'는 상태여서 인도하는 영도 좀처럼 그들을 인도할 수 없다. 이것은 교통사고 등의 경우도 흔히 있지만, 갑자기 죽은 사람은 무슨 일이 일어났는지 영문을 모른다.

종교적인 것을 알고 있었던 사람은 사후에 비교적 성불이 빠르지만, 그런 것을 모르는 사람은 죽을 때의 상태 그대로 몇 년 정도 지속되는 일이 많다.

깨달음이 늦은 사람은 그 상태 그대로 계속 오래 있을 수도 있겠지만, 늦은 사람이라도 50년 정도 지나면 역시 '아무래도 이상하다'고 알게 된다. 평균적으로는 3년 전후는 지상에 머물러 있고, 그 다음에는 사람에 따라 5년, 10년, 20년이라는 식으로 여러 가지인데, 50년이 지나면 대개 '이제 잊어도 되지 않을까?'라는 느낌이 든다.

2차 대전 때의 '동경 대공습大空襲' 등은 50년 이상 지났으므로, 그 무렵에 죽은 사람에 대해서는 구제가 거의 종결되었다고 보아도 좋을 것이다.

불의의 죽음으로 천상계에 돌아간 사람은 다시 태어나는 것이 빠르다

'젊었을 때에 불의의 사고로 죽어서 억울하다'는 사람이 천상계에 돌아간 경우, 인생의 재출발로서 빨리 다시 태어나는 경우가 많

다고 할 수 있다. 그렇게 인생을 제대로 살지 못했던 사람이 지옥
에 떨어져서 괴로워하는 상황이 아닐 때에는 비교적 다시 태어나
는 일이 빠르다.

'어릴 때 죽었다, 신혼 때 죽었다, 사업이 한창일 때 죽었다, 한
창 젊을 때 죽었다' 등 너무 빨리 죽음을 맞아 아쉬운 경우는 여러
가지로 많을 것이다.

그렇게 원래의 인생계획에 없었던 죽음을 맞이한 사람이 천상계
에 돌아간 경우, 다시 태어나는 일이 상당히 빠르다. '다시 한 번 새
로 시작하고 싶다'는 생각이 강한 사람은 대개 10년이나 20년 후에
다시 태어나는 경우가 비교적 많다.

그런 형태로 되어 있다.

'동경 대공습' 등으로 죽은 사람 중에서 아직까지 지상에서 헤매
는 사람은 거의 없을 것이다. 이만큼 높은 빌딩이 늘어서 있는데도
아직 무슨 일이 일어났는지 모른다면 그것은 상당히 완고한 사람
이다. 그런 사람이 묘지 근처에는 아직 있을지도 모르지만 대부분
의 사람은 천상계로 올라갔거나 지옥에 있을 것이다.

그런 사람 중에서 천상계에 올라간 경우에는, 아마도 전쟁 후의
1960년~70년대의 일본의 베이비붐baby boom 무렵에 다시 태어난 경
우가 상당히 많지 않을까 생각된다.

한신대지진으로 죽은 사람들을 딱하다고 여긴다면, 지진이 난 지 20년 정도 지났을 때에 출산을 장려하는 편이 좋을 것이다. '아름다운 코베神戶(한신대지진이 일어난 도시)를 만들기 위해 다시 한 번 인생을 시작하고 싶다'는 사람이 있을 것이므로, 그런 사람은 다시 태어날 것이다. 그런 생각도 있다고 본다.

지역정화를 위한 공양은 사후 3년 정도까지

앞에서 서술했듯이 지역정화를 위해 할 수 있는 방식으로는 1000명의 승려가 행하는 천승공양이 있다. 1000명이란 상징이며, 500명이든, 300명이든, 100명이든 좋은데, 어느 정도의 인원이 모여서 공양을 한다면 영역靈域의 정화는 가능하다.

다만 본의 아닌 죽음을 맞이한 사람은 아무래도 일정한 기간이 지나지 않으면 좀처럼 천상계로 올라가지 못한다. 본인의 납득, 양해가 이루어지지 않은 경우에는 저 세상에서 인도하는 영이 도와주러 와도 그리 간단히 올라가지는 못한다. 그들은 이 세상에 집착하고 있으므로 어느 정도 단념을 할 때까지 시간이 걸린다.

그리고 지진 등으로 죽은 사람 중에는 죽었을 때 그대로 시간이 멈춰버린 사람이 많은데, 그런 사람은 거리가 부흥하는 모습을 보고서 점점 깨닫는 수도 있다. 차츰 거리가 부흥하여 보통 상태로 돌아오면 점점 깨닫게 된다. 다소 시간이 걸린다.

따라서 그들을 공양해 주려고 한다면 사후 3년 정도까지가 중심이며, 그 다음에는 차츰 지상을 유토피아화utopia化하는 편이 빠르지 않을까 하는 느낌이 든다. 그런 방식이 있다.

제 2 장 사후의 혼에 대하여 (질의응답)

저 세상을 믿지 않는 사람에 대한 전도의 의의

> 저 세상을 믿지 않는 사람에게 불법진리의 이야기를
> 했을 경우, 그것만으로도 그 사람이 죽었을 때
> 저 세상에서의 깨우침이 빠를까요?
> 그런 사람에 대한 전도의 의의에 대해 가르쳐 주십시오.

저 세상에 대한 지식이 있으면 사후에 깨우침이 빠르다

죽은 사람을 인도할 때에는 그 사람이 저 세상을 믿는 경우가 제일 좋지만, 믿지 않더라도 그것에 대해 지식을 가지고 있기만 해도 좋다. 아무 것도 모르는 경우가 제일 힘겹고 어렵다.

예를 들면 '나는 믿지 않았지만 아내가 열심히 믿었다', '나는 믿지 않았지만 자식이 열심히 믿었다', '나는 믿지 않았지만 할아버지나 할머니가 자주 그런 이야기를 하고 있었다'는 등 지식으로서 알고 있는 것만이라도 죽어서 '어쩌면 진짜였던 게 아닐까'라고 깨우치는 것이 빠르다.

믿어서 신앙의 수준까지 들어간 경우가 제일 좋지만, 거기까지 가지 않더라도, 비록 얕은 지식이라고 해도 저 세상에 대한 지식을 가지고 있을 경우에는 인도하기가 매우 수월하다.

지식이 전혀 없는 경우만큼이나 고통스러운 일은 없다.

이 세상에서 설득하려고 해도 잘 되지 않는 상대는 저 세상에 가도 똑같다. 고집불통은 고집불통이다.

이쪽이 아무리 이야기해도 그들은 자신이 죽은 것을 여간해서 알아차리지 못한다. '당신은 죽었다'고 해도 알아차리지 못한다.

그것을 알아차리게 하기 위해서 '당신은 최근에 밥을 먹은 적이 있는가?'라고 물으면 '그러고 보니 몇 년이나 먹지 않았다'는 답을 한다.

'왜, 그런 것도 모르느냐?'라고 하면 그때서야 이상하게 느낄 것이다.

밥을 하루 먹지 않았다면 괴로워서 참을 수 없을 것이다. 1주일

간 먹지 않았다면 '죽을 것 같다'고 생각할 것이다. 그런데 그들은 몇 년이나 먹지 않았다. 그들도 몇 년이나 지난 것은 느끼지만, '나는 살아있다'고 생각하기 때문에 그것을 모르고 지낸다. 밥을 먹지 않았다는 소리를 듣고서야 비로소 이상하다고 생각하게 된다.

이것이 보통 사람들이 가지고 있는 영적 지식의 수준이다.

그들과 이야기를 하면 이것이 평균 수준이므로 이쪽은 힘들어 한다.

혹은 '당신은 이제 유령이 되었다'고 말해도 '그 따위 말도 안 되는 소리가 있나? 나는 살아서 힘이 넘쳐흘러. 당신과 이야기를 하고 있잖아?'라고 주장하므로 '거짓말이라고 생각된다면 자기 가슴에 손을 찔러 넣어 봐라'라고 하면, 자기 손이 가슴을 뚫고 빠져나가므로 그들은 깜짝 놀란다.

그래서 '살아있는 인간이면 손이 가슴을 뚫고 빠져나가겠는가?'라고 물으면 그건 있을 수 없는 일이라고 대답한다.

'그럼 당신은 왜 손이 가슴을 뚫고 빠져나가는가?'라고 물으면, 잠시 생각하다가 '역시 유령이 된 걸까?'라고 말한다.

이런 수준이다. 그들은 저 세상에서 생활하면서 자기가 저 세상의 인간임을 모르는 채 지낸다. 이것이 비교적 보통 사람의 수준이 아닐까 한다.

우선은 지식을 넣고 나아가 신앙을 갖는다

기독교권基督教圈 등 종교가 더 퍼진 곳의 사람이라면 좀 더 이해가 빠를지도 모른다. 그러나 일본인이나 한국인의 경우는 거기까지 생각하지 않는 사람이 많다. 또 생전에 금전적으로 만족했던 사람은 물질만능에 젖어 사후에 좀처럼 영적인 세계를 이해하지 못하므로 지상에서 잘 살았던 대가代價를 치르고 있다고 할 수 있다.

다만, 이 정도의 기본적인 수준은 그래도 나은 편이다.

'한 달 이상 먹지 않아도 살아 있을 경우 당신은 죽은 것이다, 벽을 빠져나온다든가 갑자기 하늘을 나는 것도 이상한 것이다, 그런 경우는 살아있다고 생각할 수 없다'라는 식으로, 바보 같은 소리지만 이쪽에서 그런 이야기를 하지 않으면 정말로 그들은 모른다. 지박령이나 부유령浮游靈 등 지상을 헤매는 영일 경우에는 그런 수준의 이야기부터 해주지 않는다면 전혀 이해하지 못한다.

'여기에 당신 집이 있었다. 당신 집은 보시는 대로 몽땅 타버려서 기둥만 하나 남아있을 뿐이다. 이 속에 당신은 있었다. 집이 이렇게 되었는데 과연 당신은 살아있을 수 있었겠는가? 지붕의 기와와 벽도 없어질 정도로 이렇게 집이 불탔는데 육체가 불타지 않고 남아있을 수 있겠는가? 스테이크도 너무 구우면 새까맣게 되는

제 2 장 사후의 혼에 대하여 (질의응답)

데. 이만큼이나 구우면 숯 덩어리가 될 정도야. 그렇다면 당신도
그렇게 되었을 것이다. 이 부근에 있는 숯 덩어리 중의 어느 하나
가 당신일 것이다.'

'그럼 나는 뭔가?

'그것은 육체가 아닌 죽은 당신이다.'

모르는 사람은 대개 이런 수준이다. 병으로 죽은 사람이나 사고
로 죽은 사람이나 전부 마찬가지이므로 어쩔 도리가 없다.

기본적으로, 어렴풋한 내용이라도 좋으니까 지식을 넣는 데서부
터 시작하여야 한다. 일단 지식을 넣고, 나아가 어느 정도 깊은 지
식을 가지고 신앙에까지 다다랐다면 죽은 다음이 빠르다.

따라서 행복의 과학 회원은 천재지변 등으로 죽었다고 해도 그
다음이 빠르다. 대개 하루 정도 만에 대부분 올라간다. 마중 나온
영에게 '수고하셨습니다'라는 말을 하면서 올라갈 것이라고 나는
믿는다.

다만 신앙이 얕은 경우에는 '아직 더 살고 싶었다'고 생각하며 괴
로워할지도 모르지만 깨달음이 충분히 있을 경우에는 비교적 빨
리 올라갈 것이다.

행복의 과학 회원은 자신이 어느 쪽인지 자문자답해 보길 바란
다.

뇌사에 관한 사고방식

저는 뇌사상태가 된다면 간 등의 장기를
이식이 필요한 사람에게 제공하고 싶습니다.
의학적으로는 '뇌사는 사람의 죽음이다'라고 생각하는데
불법진리의 입장에서는 어떻게 생각하면 좋습니까?

영자선이 끊어졌을 때가 죽음이다

현대 의학에서는 뇌사腦死라고 하여 '인간은 뇌파가 멈췄을 때 죽
는다'고 말해진다(뇌의 전체적인 회복이 불가능하게 기능이 정지된 상태).
육체적으로는 확실히 그럴지도 모르지만, 실제로 인간은 육체

속에 혼이 깃든 형태로 되어 있어서, 혼이 육체에서 빠져나가는 단계가 진정한 죽음이다. 혼이 빠져나가지 않으면 죽음이라고 할 수 없다.

혼이 육체 속에 들어있는 동안은, 마치 잠을 자는 상태에 가깝고, 혼이 육체에서 빠져나가야만 비로소 진정한 의미의 죽음이 된다.

혼이 빠져나가는데 보통 하루는 걸린다.

사람이 죽으면 장례식에서 첫날밤에 밤샘을 하는데, 밤샘을 하는 이유는 혼이 빠져나갈 때까지 시간을 버는 데에 있다. 본인은 자기가 죽은 것을 모르고 아직 살아있다고 생각하고 있는데 죽었다고 바로 화장터에 가서 태워버리면 끔찍한 일이 된다.

그렇게 바로 불태워버리면 곤란하므로 하룻밤 밤샘을 하는 것이다.

그리고 사람들이 검은 옷을 입고 모여서 눈물을 흘리는 모습, 자기 사진이 걸린 것을 보고 '혹시 내가 죽은 것일까'라고 생각하기 시작한다.

그런 의식意識이 생겨나면 혼이 점차 육체에서 분리되어 나온다. 혼이 육체에서 유리되었을 때가 죽음이다.

육체와 혼 사이에는 '영자선'이 있는데, 이 영자선이 끊어졌을 때가 진정한 의미의 죽음이다. 이것이 완전히 끊어지지 않은 경우는 아직 죽지 않은 것이다.

영자선이 끊어지지 않으면 육체의 의식이 혼에 전해진다. 이것이 끊어지면 육체에 어떤 자극이 가해져도 혼 쪽은 전혀 느끼지 않지만, 이것이 끊어지지 않았을 때 육체에 손을 대면 혼은 그것을 느낀다. 죽은 것처럼 보여도 그것을 느낀다.

따라서 뇌 기능이 정지했을 때 곧바로 간이나 신장 등을 꺼내면 살아있는 사람의 배에 칼을 쑤셔 넣어 내장을 떼어 내는 것과 똑같아진다.

당신은 그것을 견딜 수 있겠는가? '상관없다'고 한다면 그것으로 좋고, '싫다'고 하면 거기까지이다. 어느 쪽이라도 좋지만, 결론을 말하면 아픔을 느낀다. 영자선이 끊어지지 않은 이상, 혼은 육체의 아픔을 느낀다.

뇌 기능이 멈춘 단계에서 의사가 안심하고 당신의 장기를 꺼낸다면 당신은 끔찍하게 아플 것이다. 아파서 잠시 동안 경악한다. 그것은 사실이다.

다만 '나는 죽어 가는 몸이다'라는 자각이 생겨서, '이 아픔을 견뎌서 다른 사람을 위한 일이 된다면 그것으로 족하다'라고 생각한다면 그것도 좋다고 생각한다.

내장의 적출이란, 사후 하루가 지나서 해주면 좋지만, 그럴 경우 내장이 상해서 이식을 받은 사람이 살아나지 못할 수도 있다.
그래서 뇌 기능이 멈춘 직전에 갓 꺼낸 것이 필요하다. 실제로는
그렇다.

그 경우 적출 당하는 쪽은 아프겠지만 그것만은 각오해야 할 것
이다

내장에는 의식이 있다

내장에 의식이 있는 것이 사실이다. 인간에게는 뇌를 중심으로
한 전체적인 의식이 있으며 이 속에 내장의식이 포함되는 것으로
요컨대 복합체複合體로 되어 있다.

인간의 혼은 일률적인 것이 아니다. 태아로서 태내에 깃들어 몸
이 만들어질 때 심장 등 여러 가지 내장기관이 생기는데, 혼 속에는
그 기관이 되는 핵심 부분이 있다. 이 부분이 그 기관의 핵이 되어
그것의 명령, 지시대로 기관이 발달한다. 심장이나 장, 위 등은 그
혼의 핵심부분의 사령司令대로 점점 그런 형태가 되어 간다.

이렇게 혼적魂的으로는 다중구조로 되어 있다. 한 사람의 인간일
지라도 복합체로 되어 있다.

그리고 죽을 때에는 그 내장의식들도 끌어올려진다. 전체의식

과 하나가 되어 빠져나가는 형태가 된다.

그 때문에 죽었을 때 금방 심장 등의 내장을 적출하면 혼은 육체에서 떠날 수는 있어도 상당한 아픔을 느끼면서 빠져나가게 된다.

그때 실제로 생사生死를 확실히 알고 인간이 영적 존재임을 명확히 알고 있어서 그 아픔을 극복하는 사람이라면 이윽고 그 아픔은 가라앉을 것이다. 그리고 사라져간다.

다만 유물적인 사고방식을 가진 사람, '죽으면 전부 끝이다'라고 생각하여 내장을 제공한 사람의 경우는 그 다음이 큰일이다. 실제로는 괴로워서 칠전팔도七顚八倒한다. 장을 빼앗겼다고 하여 아프다고 괴로워한다. 사실은 이제 심장 따위는 필요하지 않지만 '심장이 없어졌다'고 하며 난리법석을 피운다. 혈액도 있을 리 없지만 '피가 난다'고 말한다. 본인의 눈에 피가 나는 것으로 보일 뿐이다.

혼은 육체에서 빠져나온 뒤 잠시 동안은 육체와 완전히 똑같은 형태를 하고 있다. 손톱의 반달모양까지 똑같다. 손톱을 깎는 것을 잊고 손톱이 자랐으면 그 길이까지 똑같다. 흰머리가 있으면 흰머리까지 있다. 속눈썹도 있다. 내장도 있어 가슴을 눌러보면 심장의 고동소리도 들린다. 영이 되어도 역시 그런 면은 있다.

이윽고 영계의 생활이 길어지면 그런 인간적인 부분을 차츰 잊게 되어 영적 존재로서 순화純化하지만, 사후 2, 3년 된 인간은 살아

있는 인간의 형체와 똑같다고 생각한다.

뇌 기능이 멈춘 단계에서 장기를 적출하면 아프다

이상의 설명으로 알았을 것이다.

물론 장기를 제공하는 것 자체는 사랑의 행위라고 생각되지만, 그런 괴로움을 수반한다는 것은 알아두기 바란다.

그리고 이식해도 잘 되지 않는 경우가 흔한 이유는 의식에 차이가 있기 때문이다. 가령, 당신의 신장이나 간장을 당신 이외의 사람한테 집어넣어도 그대로 잘 되지 않는다. 의식이 다르기 때문이다. 요컨대 '타인의 것이 들어왔다'고 하여 이식 받은 사람이 거부 반응을 일으킨다. 타인의 혼이 몸 속에 들어와 박히므로 그것을 거부하게 된다.

이것을 없애기 위해서는 이식 받는 사람 쪽은 감사하는 마음, 고맙다는 마음을 갖는 것이 꼭 필요하다.

또한 장기를 제공한 사람이 정말로 성불할 수 있도록 열심히 기도해 둘 필요가 있다. 만약 그 사람이 괴로워서 아프다고 하면 장기 쪽에도 영향이 미치므로, 장기가 조화되는 일은 없다고 할 수 있다. 반드시 부조화를 일으킨다.

　의사는 장기이식을 할 경우에 그런 영적 사실을 전부 알고 나서 해주었으면 하는 바이다.

　따라서 의사는 우선 죽어 가는 사람에게는 '당신이 죽으면 당신의 장기를 다른 사람에게 이식하겠지만, 그때 당신이 어떻게 되는지 잘 알아두고 양해해 주십시오'라고 하고, 이식을 받는 사람에게는 '이건 하나의 장기이지만, 그 의식은 당신과는 다르므로 이것과 조화될 수 있도록 열심히 감사하십시오'라고 말할 일이다. 그렇게 해야만 한다.

　다음은 장기제공을 하는 사람이 '뇌 기능이 멈춘 단계에서 장기를 적출하면 아프다'는 것만 각오해 둔다면 괜찮다.

　이것을 읽고 오싹할 지도 모르겠다. 그러나 사실이다. 그때가 되어 '좀 기다려'라고 해도 아무에게도 들리지 않고 기다려주지도 않는다. 장기가 적출되면 몹시 괴롭다. 그것만은 말해두겠다.

　똑같은 일은 화장터에서 유해를 태우는 경우에도 말할 수 있다.

　'바쁘니까, 아파트가 좁아서 놓아둘 수 없다'는 등의 이유로 죽은 직후 유해를 태워버리면, 죽은 사람은 그 다음이 큰일이어서 그리 간단히 성불하지 못한다.

　될 수 있는 한, 하루는 놓아두길 바란다. 그리고 그 사이에 죽은 사람에 대해서 열심히 설득을 한다. '바로 저 세상에 가 주십시오.

이 세상에 돌아와서 누군가에게 빙의憑依하거나 하는 일은 절대로
하지 마십시오'라고 말해둘 일이다. 중요한 일이다.

제3장

뇌사와 장기이식의 문제점

진실을 아는 종교가로서 정론을 말하다

1997년에 일본의 국회에서 '뇌사는 사람의 죽음인가', '뇌사상태에서의 장기이식은 가능한가'라는 테마로 논의가 되면서 매스컴에서도 이슈화되어 상당히 많이 다루어졌다.

그러나 주로 이식을 추진하는 쪽인 의사의 의견이 강하게 반영되었고, 종교계에서는 의견이 그다지 강하게 나오지 않았다고 본다.

이것은 극히 현대에 와서 대두된 테마이므로 옛날에 생긴 종교에서는 어려운 문제임은 부인할 수 없다.

또한 '현대인은 저 세상이나 혼의 존재에 대해 믿지 않는다'는 사람이 다수이다. 혹은 잠재의식에서는 어느 정도는 믿지만, 적어도 표면의식상 명확한 형태로는 믿는다고 말할 수 없는 사실도 그 원인으로 간주된다.

필자도 한 사람의 종교가로서 의견을 말해야만 한다. 이것은 진실을 아는 종교가로서의 의견이며, '국민의 다수가 어떻게 생각하고 있는가'에 좌우되지 않고 정론正論을 말할 생각이다.

진정한 죽음이란 무엇인가

유뇌론은 새로운 유물론

뇌사와 장기이식의 문제에 관해서는 흔히 '뇌사는 의학적 죽음이다'라는 식으로 말하는데 '의학적 죽음과 종교적 죽음은 다를까?'도 문제가 될 것이다.

'두 종류의 죽음이 있는가? 그렇지 않으면 결론은 하나밖에 없는가? 혹은 한 쪽의 사고방식은 진실의 한 측면밖에 파악하고 있지 못한가?'이에 관해서 말해보고자 한다.

우선 사상적인 면에서부터 이야기를 시작하겠다.

이른바 서방진영이 공산주의와의 냉전에서 이겼기 때문에, 1900년대 이후 마르크스주의에 근거한 유물론은 사상으로는 상당히 쇠퇴한 것처럼 보인다. 그러나 '전쟁 후 일본을 폭넓게 뒤덮은 유물론은 지금 다른 형태로 고개를 쳐들고 있는 것이 아닐까?'라고 나는 느끼고 있다.

그것이 '유뇌론唯腦論'이다. 즉, '인간의 본질은 뇌에 있다. 뇌야말로 인간의 본질이며, 뇌가 기능하지 않게 되면 인간은 시체나 다름없다'는 사고방식이다. 이것은 예로부터 있었던 '인간기계론'의 재탕이라고 해도 좋다.

이런 의학적 유물론, '의학 마르크스주의'라고도 해야 할 사상은 마르크스적 유물론에 대신하는 새로운 유물론이라고 생각된다.

장기이식법안을 둘러싼 논의에서도 그 배경에는 '유물론' 대對 '저 세상을 믿는 종교관'이라는 싸움이었다고 말하지 않을 수 없다.

혼이야말로 인간의 본체이다

의학적으로 '뇌사는 사람의 죽음이다. 뇌의 기능이 완전히 정지하면 그 사람은 시체와 똑같다'고 말하지만 과연 그것이 진실인지 어떤지에 대해 검토해 보자.

나는 과거 몇십 년 동안 종교가로서 활동해 왔다. 또 영적인 의식이 열려 지상을 떠난 세계의 영인靈人들과 이야기할 수 있게 된 후로 이미 20년 이상이 되었다.

그동안 영언집靈言集을 많이 내왔다. 역사상 유명한 인물들의 영이 된 다음의 사고방식이나 사상을 활자나 서적으로서 세상에 내왔다.

그 수많은 실제 체험에서 말할 수 있는 바는 '인간은 뇌로 생각하는 것이 아니다'라는 점이다. '죽어서 화장터에서 불태워진 사람이 그 후에도 생전과 똑같은 버릇이나 사고방식을 가지고 개성 있는 사상을 전개할 수 있다'는 것, '인간은 사후에도 그런 능력을 가지고 있다'는 것은 엄연한 사실이다. 나는 그것을 진실로서 알고 있다.

인간은 뇌로 생각하는 것이 아니다. 뇌란 컴퓨터와 같은 기능, 관리기능을 가지고 있는 곳이며, 말하자면 관리실이다.

그래서 뇌라는 '기계'가 고장난 사람은 생각이나 사상을 외부에 발표하거나 몸으로 표현할 수가 없게 되는 수가 있다. 그러나 그것은 기능적인 장애이지, 실제는 생각하는 힘이나 의지를 완전히 상실한 것은 아니다.

이것이 뇌사 문제에서 가장 근간을 이루는 논의가 아닐까 생각한다.

즉 '인간은 혼, 영체 쪽에 생각하는 중추를 가지고 있다. 그것은 육체의 생사와는 관계없이 존재하는 법이다. 혼이야말로 인간의 본체이며, 육체는 탈 것에 지나지 않는다'는 내용이다.

마치 육체는 자동차이고, 혼은 그 운전사와 같은 존재이다. 자동차가 고장 나도 '운전사가 사망했다'는 것으로는 이어지지 않는다. 자동차는 고장 나면 달릴 수 없게 되어 겉으로는 운전사가 기능을 정지한 것처럼 보이지만, 그것은 운전사의 생존과는 별개이다. 혼과 육체의 관계는 이것과 아주 비슷하다고 할 수 있다.

뇌사상태에서 혼은 아직 살려고 한다

그러면 '뇌 기능이 완전히 정지했다'고 의사가 말하는 뇌사상태에서, 육체와 혼의 관계는 어떻게 되는 것일까?

결론을 말하면 '뇌사상태에서 혼은 아직 육체와 완전히 밀착된 상태에 있다. 심장이 움직이고 있고 피가 돌고 있어 몸이 따뜻한 상태에서는, 혼은 아직 육체에서 떠나지 않고 살려고 노력하고 있다'는 것이 진상이다.

뇌사상태가 된 사람 가운데에는 교통사고 등에 의해 뇌에 장애를 입은 사람도 많을 텐데, 그런 사람은 갑자기 사고를 당했기 때문에 '내가 지금 어떤 상황에 놓여 있는가'를 충분히 이해하지 못하는 경우가 많다. 그래서 의사로부터 뇌사를 선고받고 '시체가 되었다'는 말을 들어도 대다수의 사람들은 자기가 죽었다는 것을 납득하지는 않는다.

또한 뇌에 반응이 없는 경우, 그 사람에게는 생각하는 힘이 전혀 없고 주변 사람의 말도 들리지 않느냐 하면 그렇지는 않다. 영체는 귀의 기능을 통하지 않고서도 주변 사람들의 생각을 읽어낼 수 있다. 입을 열고 말하는 것만이 아니라, 마음속에서 생각하는 것도 읽어낼 수가 있다.

따라서 병의 말기에 있는 사람은 주변 사람들이 하는 말이나 생각하는 것을 손바닥 보듯이 알 수 있다. 그리고 '내가 지금 무슨 일을 당하고 있는가'를 명확하게 알고 있다.

장기이식에 따르는 빙의현상

문제는 사후의 세계나 혼의 존재를 인정하지 않는 사람이 바야흐로 육체적 죽음에 이르게 되었을 때, '나는 나 자신을 인식할 수 있다. 나는 생각할 수가 있다'는 것을 근거로 해서 '나는 아직 살아 있다'고 생각하는 일이다.

사후의 세계나 혼의 존재를 인정하여 '영체와 육체는 다르다'고 명확하게 인식하는 사람은 '지금 내 육체는 죽어가고 있지만 영체는 살아있다'고 안다. 그러나 영체와 육체와의 구별이 안 되는 사람은 육체가 아니라 영체가 생각하는데도, '나는 아직 살아있다'고 완전히 믿는다.

여기가 중대한 요점이다. 이것은 전쟁 후의 유물론 교육과 더불어 생각하지 않으면 안 될 일이라고 할 수 있다.

그들에게는 침대 가까이 있는 가족들이 자기를 소리쳐 부르는 소리도 들린다. 또한 응답을 할 생각을 가지고 있다. 그러나 입은 움직이지 않고, '내 대답이 가족에게는 들리지 않는 모양이다'는 상황이 너무나 답답해서 죽을 지경이다.

이 단계에서 의사가 메스를 휘둘러 심장이나 간장 등의 장기를 꺼내서 이식을 기다리는 환자에게 이식하면 어떤 일이 일어나겠는가?

우선은 죽음에 직면한 사람은 엄청난 경악을 느낀다. 이것이 한 가지이다.

그리고 한 가지 더 말해두지 않으면 안 될 것은 '혼의 기능에서는 뇌도 중요한 중추의 하나이기는 하지만, 심장도 또한 대단히 중요한 중추다'라는 점이다. 여기에 마음의 정체가 숨어 있다.

장기는 단순한 물질이 아니다. 그것은 의식을 수반하고 있다. 장기에도 영적 의식이 있다.

인간의 혼은 아메바와 같은 젤리 모양의 것이 그냥 보통으로 존재하는 것이 아니라, 복합체로서 이중 삼중으로 되어 있다. 혼이라는 전체적으로 통일된 영체 속에는, 별도로 심장의식이나 간장의식 등 장기의식도 들어 있어서 혼은 복합체로서 존재한다.

심장은 주로 인간의 의지나 감정을 주관하는 영적인 중추이다. 이 심장부분을 본인이 충분히 납득하지 못한 단계에서 떼어내고 타인에게 이식한다면 영체의 일부도 타인에게 이식되어 버린다.

그와 같이 본인이 자신의 죽음을 납득하지 못한 단계에서 심장을 타인의 몸에 이식하면, 여기서 영적으로는 이른바 빙의현상憑依現象이 일어난다. 그 사람의 혼은 자기의 심장에 빨려가듯이 새로운 육체로 이동해 빙의현상이 일어나게 된다.

이것은 이식을 받은 사람의 혼과 그 사람에게 빙의한 혼이 공존상태가 되는 상황을 의미한다. 그 결과 거부반응 등이 일어난다. 과거에 장기이식에 수반하여 거부반응이 일어난 예는 많이 보고되고 있다.

나아가서는 그렇게 해서 저 세상으로의 여행길을 방해받은 영들은 대개의 경우, 불평불만이나 이 세상에 대한 집착 등으로 불성불령不成佛靈이라고 불리는 존재가 되어 있다.

그들은 이런저런 지장을 일으키는 힘, 나쁜 사건을 일으키는 힘을 가지고 있으므로, 장기를 이식 받은 사람의 가정에 잇달아 불행이 일어나게 된다. 이것은 고대로부터 '뒤탈'이라고 말해지는 문제이다.

소위 '원령怨靈'이 생긴다는 상황이다.

이것이 영적인 측면에서 본 실태이다.

장기 제공자는 저 세상에서 어떻게 되는가

다음으로 '장기 제공자는 저 세상에서 어떻게 되는가'에 대해 말하고자 한다.

인간은 사후에 육체를 떠나 저 세상으로 여행을 떠난다. 그 즈음에 우선은 '유계幽界', '정령계精靈界'라고 불리는 4차원 세계에 가서, 거기서 생전의 연장과 같은 영적 생활을 한다. 나아가 그 한 단계 위에는 '선인계善人界'라고 불리는 5차원 세계, 이른바 천국이 있다.

이 4차원이나 5차원의 세계에 생존하는 영들은 이 세상에서의 기능을 고스란히 그대로 가지고 있다.

가령, 그들이 자신을 보면 손가락에는 손톱이 나 있고, 그 손톱에는 반달모양까지 정확하게 나 있다. 또 가슴에 손을 대 보면 심장의 고동을 확실하게 느낄 수 있다. 생전의 의식을 고스란히 가진 채 저 세상에 와 있는 상태이다.

따라서 죽음 직전에 심장이 도려내어진 사람이 사후에 어떻게 되는가 하면, 심장부분이 구멍이 뚫린 형태로 저 세상에 와 있는 상황이다. 이것은 의식意識으로서도 대단히 정서가 불안정한 상황에 있게 되는 것이다.

그들은 저 세상에서의 첫 생활이 당혹스러워 대단한 어려움을 겪는다. 평정을 잃고 흐트러진 모습을 보이는 영도 있다.

저 세상에서의 생활이 길어지면 차츰 영체로서의 생활에도 익숙해지고, 지상계의 일을 잊고 육체의식에서 멀어져 영의 의식으로 변화해간다. 그리고 상급령上級靈이 될수록 육체적 의식에서 떠난 '마음(생각)'만의 세계에 들어간다. 그러나 보통의 인간인 경우는 사후 몇 년 정도는 육체의식과 거의 공존하는 것과 같은 모습으로 영계의 생활을 한다.

그런 의미에서 뇌사상태에서 장기이식을 하면, 앞에서 말한 것처럼 장기를 제공받은 사람이 영적으로 장애를 받게 된다. 설령 그렇게 되지 않았을 경우라도 장기제공자의 사후 여행길에 대단히 큰 장애를 주게 된다.

영육이원이 아니라 색심불이가 옳다

여러분 가운데는 '구미歐美, 소위 기독교권에서는 이미 몇십 년 전부터 장기이식이 발달되어 있었다. 그런데 왜 그게 문제가 되는가?'라고 생각하는 사람도 있을 것이다.

여기에는 현재의 기독교에서의 '영육이원론靈肉二元論'의 문제가 있다. 기독교권에서는 '영과 육체는 완전히 별개의 것이다'라고 생각하고 있다.

즉, 구미에서는 '육체는 육체, 영체는 영체이며, 양자는 별개의 것이다. 영체는 신이 생명의 숨결을 불어넣은 것이고, 육체는 신이 티끌이나 흙을 반죽해서 만든 것이다. 육체는 물질로 만들어지지만 영체는 신이 입김을 불어넣었으며, 그것이 영혼이 되었다'고 생각하고 있다. 육체와 영체를 완전히 구별해서 생각하고 있다. 여기에는 데카르트식의 이원론의 영향도 강하게 작용하고 있다.

그렇게 기독교권에서는 '장기를 포함하여 육체는 티끌로 만들어진 물질이지만 혼은 그것과는 다르다. 영체와 육체는 전혀 관계가 없다'고 생각하기 때문에, 영체를 인정하기는 해도 '육체는 떼어내도 상관없다'는 식으로 이해하고 있다.

그러나 이것은 영적 지식이 부족한 데서 비롯된 것이다. 실제로는 영체와 육체는 전혀 다른 이원적인 것이 아니고, 상당히 겹친 부분이 있다.

불교에는 '색심불이色心不二'라는 말이 있다. '색色 (육체)과 심心 (마음)은 불이不二이다. 육체와 마음은 둘로 나눠질 수 없고, 양자는 상호간에 서로 영향을 미친다'는 말인데, 현실문제로서 그것이 사실이다.

육체에서의 변화는 영체에도 전해지고, 반대로 영체에서의 변화는 육체에도 전해진다. 육체가 병들면 영체에도 대단히 큰 고통이 일어나는 수가 있고, 영체가 경악하거나 병들거나 하면 육체에 이상한 변화가 나타나는 일도 있다.

결국 '기독교에서는 미숙한 이론이 통용되고 있다'고 말하지 않을 수 없다.

죽음이란 육체에서 혼이 이탈하는 일

한 쪽에는 '이제 곧 죽는다'는 사람이 있고, 또 한 쪽에는 '장기를 이식 받으면 아직 몇 년인가 살 수 있을 지도 모른다'는 사람이 있을 때, '이제 곧 죽는 사람, 며칠 내로 확실히 죽는 사람의 장기를 떼어내서 그것을 아직 몇 년인가는 살 수 있을지도 모르는 사람에게 제공하는 일은, 여러 가지로 판단해도 가치가 있는 일이 아닌가? 오래 살 수 있는 사람을 우선해야 하는 것이 아닌가?'라는 사고방식도 있을 것이다.

물론 그런 사고방식은 충분히 있을 수 있고, 더구나 그것이 사랑의 마음에서 나온 것이라면 일종의 희생적 행위로서 평가할 수 있는 면도 없다고는 할 수 없다.

그러나 이미 말한 바와 같이 뇌사상태에서는 육체와 혼은 아직 분리되지 않았다.

인간에게 죽음이란 '육체에서 혼이 이탈'할 때이며 이는 의학적 죽음과 종교적 죽음으로 나눌 수 있는 식의 것이 아니다. 육체에서 혼이 이탈하는 일이 죽음이다.

개중에는 사후 얼마 안 되어 육체에서 이탈하는 사람도 있지만, 대개의 사람은 자신의 육체에 집착하기 때문에 쉽사리 육체에서 떠나려고 하지 않는다.

사후 2, 3시간이면 아직 육체에서 들어갔다 나왔다 하면서 육체에 들러붙은 상태가 보통이다.

유족들이 모여서 장례식장에서 밤샘을 하고 본인에게 '당신은 죽었다'고 자각시켜서 육체에서 혼을 이탈시키는 의식이 옛날부터 계속되는 것에서도 알 수 있듯이, 보통은 사후 몇 시간에서부터 꼬박 하루 동안, 혼은 육체 주위를 떠돌고 있다.

‘실버 코드(영자선)’라고 해서 혼과 육체를 잇는 은색선이 있다. 이것이 끊어질 때가 정식적인 의미에서의 죽음이다. 이것이 이어져 있는 한, 혼의 의식과 육체의 의식은 완전히 끊어지지 않았고, 진정한 의미에서는 죽음을 맞지 않은 것이다. 그러므로 소생할 가능성이 있다. 그러나 실버 코드가 끊어진 단계에서 다시 살아날 수 없게 된다.

‘육체기능으로 보는 죽음에 대해서는, 의사가 아닌 아마추어라도 인정할 수 있는 심장정지의 단계가 의학적 죽음으로 인정되는 것이 타당하지 않을까?’라고 나는 생각하지만, ‘진정한 의미에서의 죽음은 심장이 정지한 뒤, 얼마 후에 찾아온다’는 말도 해두고자 한다.

육체의 죽음 단계에서는 혼이 아직 육체에서 이탈하지 않았고 저 세상에서 먼저 죽은 부모나 조부모 혹은 천사들이 마중 나와서 본인을 설득하는 상황이 얼마간 계속된다. 그래서 장례식장에서 밤샘을 하는 의식이 있다.

그런 것을 종합적으로 감안하면 ‘장기를 받으면 아직 살아갈 수가 있다’는 심정은 이해되지만, 아직 죽지 않은 사람의 장기를 떼어내서까지 살아남으려고 하는 것은 역시 삶에 대한 집착이 아닐까? 그것은 일종의 욕망, 혹은 이 세상적, 유물적인 생존에 대한 집착이 아닌가?라고 말하지 않을 수 없다.

이 세상에서 더 살고 싶다고 생각하는 사람의 집착과, 아직 죽고 싶지 않다는 뇌사상태의 사람의 집착이 겹칠 때, 여기에 완전한 빙의현상이 일어나 영적인 장애 상태가 발생한다는 것을 알아주었으면 한다.

현재처럼 아직도 유물론이 만연하여 '영도 저 세상도 없다. 종교는 모두 미신이며 엉터리다'라는 논조가 주류인 곳에서는 사랑의 행위처럼 보이는 장기 제공일지라도, 유감스럽게도 진정한 의미에서 구제가 되지 않는 수가 있다.

현대 의학은 아직도 미개한 상태에 있다

인공유산은 영계의 혼란을 불러일으키고 있다

현대에는 의학이 종교의 자리를 대신하게 되어 '사람의 생사를 판정하는 것이 의학이다. 의학은 만능이며, 과학의 최첨단이고, 여기에 최고의 지성이 모여 있다'는 자만심이 만연한 것처럼 나에게는 보인다.

그렇지만 종교가의 눈으로 볼 때 현대의학은 그만큼이나 진보했다고는 생각할 수 없다.

지금까지 죽음의 문제에 대해서 말해왔으나, 그 반대인 인간의 탄생을 생각해 보더라도 의학은 혼과 육체의 관계를 아직 이해하지 못하고 있다.

'영적으로 보면 임신 후 만 9주째가 될 때, 어머니의 뱃속에 태아의 혼이 들어가는 것을 필자는 몇 번이나 목격했다. 만 9주째가 되면 확실히 혼이 태내에 깃든다. 그 일시日時도 특정할 수가 있다. 그 다음부터는 혼과 육체가 공존하며, 그 이후의 태아에 대해서 인공유산(인공임신중절)을 하게 되면 일종의 생명을 빼앗는 행위임은 틀림이 없다.

그러나 현대는 '낙태천국'이어서 일본의 경우 '매년 100만 명 가까운 태아가 인공유산 되는 것'이라고 알려져 있다. 이것이 저 세상에서 이 세상으로 다시 태어나는 것을 몹시 저해하고 있어 영계의 혼란을 불러일으킨다.

또한 인공유산은 이 세상에서의 인생계획에도 큰 손상을 입히고 있다. 명확한 인생계획을 가지고 태어나려고 하는 자가 인공유산을 당함으로써 결혼을 예정했던 상대와 맺어질 수가 없게 되거나, 예정했던 직업에서의 목적을 이룰 수 없게 되는 일이 많이 일어난다.

이렇게 현대에는 태아를 인공적으로 죽이는 일이 너무나 많이 합법적으로 행해지고 있다.

인간이 태어나는 단계에서 태연히 죽음을 가하는 것이 현대의 의학이다. 뇌가 기능하지 않는 것만을 가지고 아직 죽지 않은 사람을 시체 취급하는 일이 연간 수천 건 정도 나온다고 해도, 인공유산

건수가 훨씬 많으므로 그다지 기이한 일도 아니다.

심장이식은 고대 종교의식의 부활이다

심장이식에 열을 올리는 심장외과 의사들을 보면, 나에게는 고대 마야문명의 모습이 떠오른다.

고대 마야에는 살아있는 인간의 심장을 도려내어 신에게 바치는 의식이 있었다. '수만 명, 혹은 수십만 명이 산 채로 심장이 도려내어져, 그 심장이 산 제물로서 신에게 바쳐졌다'고 한다.

나에게는 '현대 심장외과의 중 대부분은 이 고대 마야문명 시대에 칼로 사람들의 심장을 몇만 개나 도려내던 직업을 가졌던 사람이 아닐까? 그런 사람이 다시 태어난 것이 아닐까?'라는 생각이 든다.

그리고 심장이식은 최첨단의 과학이라기보다 '고대의 종교의식으로 돌아간다'는 것이 아닐까? 의학은 아직도 미개의 상태에 있는 게 아닐까? 육체와 혼의 관계를 해명할 수 없는 한, 50퍼센트 이상의 의료 행위는 할 수 없다고 생각한다.

인간은 영체에서도 아픔을 느낄 수가 있다. '병의 말기에 주사를 계속 맞은 사람은 죽어서 영체가 되어서도 그 팔에 주사바늘의 아품을 느끼고 괴로워한다’는 사실을 대부분의 의사는 모를 것이다. 하물며 ‘뇌사상태에서 장기를 제거하면 영체에 얼마만큼 아픔이 느껴지겠는가?’하는 것은 상상도 되지 않을 것이다.

여러분은 ‘현대의학은 아직도 미개한 상태에 있다’는 것을 알아야만 한다.

유뇌론이 새로운 유물론으로서 21세기를 석권하지 않기를 나는 진심으로 기도한다.

제4장

조상공양의 진실

조상공양의 의의

종교의 제1 사명이란

조상공양의 진실에 대하여 이야기하고자 한다.

조상공양을 행하는 종교는 많이 있고, 조상을 공양하는 것 자체는 잘못이 아니다.

다만 본래는 지상에 살아있는 동안에 법을 접하여 올바른 삶을 깨우치고, 신앙심을 가지고 인생을 바로잡는 일이 바람직하다.

종교단체의 본래 모습은 살아있는 인간을 구하는 것이 원칙이다. 이 경우에 '구한다'란 '육체생명을 구한다'는 의미가 아니라, '혼을 구한다'는 의미이다. 살아있는 인간의 혼을 구하는 것이 종교의 제1 사명이다.

현재 일본 전국에는 약 1억 3천만 명, 전 세계에는 약 60억 명의 사람들이 살고 있다.

'이 사람들에게 법의 맛을 들인다. 그리고 그들로 하여금 법을 배우고 신앙생활을 실천함으로써 인생을 변화시키게 한다. 나아가서는 그런 사람을 많이 만듦으로써 각 지역, 각 나라에 유토피아를 만들어간다'.

이것이 제1 원칙이며, 행복의 과학에서의 활동영역의 구십퍼센트 이상이 여기에 주력되어야 한다.

조상공양 ─ 과거에 살았던 사람에 대한 구제

저 세상에 돌아간 조상에 대한 공양은 이 세상에서 끝까지 구제할 수 없었던 경우, 사후의 문제이다.

자손으로서는 조상이 계시는 동안에 구해드리는 것이 가장 좋지만, 끝까지 구하지 못하고 돌아가시는 경우가 있다. 또는 행복의 과학의 출현을 만나지 못하고 돌아가신 분도 계실 것이다. '이런 사람들을 구하는 일은 이제 하지 못한단 말인가?'라는 점이 문제가 된다.

이것은 기독교에서는 아직까지도 큰 문제이다.

기독교에서는 '기독교를 믿지 않으면 천국에 갈 수 없다'는 말을 자주 하고 '기독교에 들어오지 않으면 지옥에 떨어진다'는 극단적인 말을 하는 사람도 있다. 그렇다면 예수의 탄생 이전의 인류는 구원받지 못한다는 것이 된다. '예수 탄생까지는 무명無明의 역사가 계속되었으며, 예수 이전의 사람들에 대한 구제는 있을 수 없다'는 말이 되고 만다.

불교에는 조상공양이라는 사고방식이 있다. 이것은 '불교에는 과거에 살았던 사람을 구제하는 이론이 존재한다'는 것을 의미한다.

다만 1000년이나 2000년 전에 죽어 아직도 헤매고 있다는 사람은 적기 때문에, 죽은 지 수십 년 정도 범위 내의 사람이 대상이 되겠지만, 살아있는 동안에 불교를 접할 수 없었던 사람을 구하는 방법으로서 조상공양이 있다는 뜻이다.

기독교와 달리 '과거에까지 구제의 손길을 뻗치자'라는 사고방식이 불교에는 있다(가톨릭에도 유사한 사상으로서 '위령의 기도'가 있다).

그러나 1000년에서 2000년이나 지옥에 있는 악마들은 그리 간단하게 구제되지 않는다. 왜냐하면 현재도 악행을 되풀이하고 있기 때문이다. 그들이 악행을 그만둔다면 이후에는 어둠이 줄고 빛이 늘어날 뿐이지만, 그들은 지금도 악행을 되풀이하기 때문에 없애고 없애도 좀처럼 어둠이 없어지지 않는다.

　한편 보통사람의 경우는 지상에 살아있을 때 악행을 되풀이했다 하더라도, 사후에 마음을 고쳐 먹으면 그 시점에서 나쁜 생각이나 행동이 없어지므로 악행의 양은 늘지 않는다. 이후에는 덕을 쌓으면 그 사람에게는 조금씩 어둠이 줄고 빛이 늘어난다. 그리고 빛의 양이 어둠의 양을 넘어섰을 때에 지옥에서 천상계로 올라갈 수 있게 된다.

　이런 구제의 계기로서 조상공양이 있다.

조상공양을 할 때 주의해야 할 점

빼앗는 사랑으로의 바꿔치기

조상공양에서는 주의하지 않으면 안 될 점이 있다.

교단에 따라서는 조상공양을 중시한 나머지, 연중무휴로 조상공양만 하는 단체가 있다. 그것이 올바른 일이냐에 대해서는 영적인 진실을 보는 한 일정한 의문이 든다.

'조상을 공양하고 싶다'는 자손의 염이 사랑하는 마음으로 결실을 맺는 경우는 좋지만 그렇지 않은 경우가 있다. 그것은 자손 쪽, 살아있는 인간 쪽이 어떻게든 구제 받고 싶어서 공양하는 경우이다.

예를 들면 '학업이 부진하다', '사업이 부진하다', '사회에서 출세하지 못한다', '연애를 못한다', '자식한테 문제가 생겼다' 는 등의 일이 생기면 '이것은 조상이 잘못하기 때문은 아닐까?'라고 생각하여 자신들이 행복해지고 싶어서 열심히 조상공양을 하는 일이 많다.

여기에 미묘하게 바꿔치기가 일어날 가능성이 있다. 공양이란 본래는 '주는 사랑'임에도 불구하고, 자손 쪽이 자신의 처지가 불행하거나 속세에서의 살기 편함을 위해 '조상이 악을 행하지 않기를' 바라는 마음으로 공양하면 거기에 '빼앗는 사랑'이 생기기 쉽다.

그 결과 반성이 없는 사람이 생겨나 공양 받는 쪽과 공양하는 쪽이 동질이 되는 수가 있다.

공양 받는 쪽이 천국에 간 경우라면 그런 문제는 일어나지 않지만, 조상이 저 세상에서 악령惡靈이 되어 헤맬 경우라면, 자손이 이득을 얻고자 하는 마음으로 조상공양을 할 때 양자는 거의 동질이 되므로 완전히 통하게 된다.

공양을 받는 쪽이 천국에 있을 경우, 조상공양은 '조상이 저 세상에서의 수행이 한층 더 진전하여, 조상이 보다 높은 세계에 들어가 주시기를' 바라는 소망이며, '자손인 저희도 이만큼 노력하고 있으므로 할아버지, 할머니도 그 쪽에서 한층 더 깨달음을 높여서 더욱 더 높은 경지로 올라가 주세요'라는 성원이기도 할 것이다.

그리고 자손의 공부가 나아지면 나아질수록 '우리 자손은 이렇게 힘껏 노력하고 있어 세상에도 도움이 되고 있다'는 결과가 나타나 조상도 저 세상에서 빛을 얻고 덕이 생겨난다. '댁의 자손은 상당히 기특하네요?'라는 말을 듣게 되어 저 세상에서 주위의 평판이 올라가고, 그런 자손을 보는 동안에 나도 더욱 노력하지 않으면 안 되겠구나라는 마음이 들어 한층 더 깨달음이 진전되어 간다.

그런 의미에서의 좋은 조상공양은 있을 수 있다.

한편 아침·점심·저녁으로 조상공양을 하고 있더라도, 이 세상에서의 실패 등을 조상이 잘못한 탓으로 돌려, 괴로움에서 벗어나고 싶은 마음 하나 때문에 공양하는 경우가 있다. 요컨대 자기책임이 전혀 없으며 모든 것을 조상 탓으로 돌리는 경우이다.

이 경우는 공양하고 공양해도 조상은 '그러냐? 그렇게 행복해지고 싶으냐? 그럼 더 공양해라'라고 매일 자손의 집에 눌러앉게 된다. 그렇게 되면 그 조상은 저 세상에서의 수행을 전혀 할 수 없게 된다.

생전에 잘못된 삶을 살았던 경우에는 지옥에서 괴로움을 겪는 일이 수행이다. 이것은 큰일이기는 하지만, 일정기간 지옥의 괴로움을 겪음으로써 자신의 잘못에 대해 깨닫게 된다.

그러나 지옥에서 빠져나와 집 안에 눌러앉은 조상은 그런 수행

제4장 조상공양의 진실

을 하지 않고 '더 공양해라', '공양 밥이 적다', '이렇게 값싼 꽃을 가지고는 안 된다', '며느리의 심보가 나쁘다', '아들이 공양하지 않고 술만 마시고 있다' 등 여러 가지 트집을 잡는다.

더러는 '내가 이렇게 괴로운 것은 자손이 게으름뱅이라서 열심히 공양하지 않기 때문이다. 모두 자손이 나쁘다. 그러니까 자손을 단단히 혼내주지 않으면 안 되겠구나. 자식 한 명 정도는 사고라도 당하게 해줄까?' 따위로 생각하여 실제로 나쁜 짓을 하는 조상도 있다.

이 부분이 조상공양의 아주 어려운 점이다. 매일 조상공양을 하는 교단의 신자는 상당한 비율로 영적으로 장애가 나타나는 상태이다. 악령 속에 온몸이 푹 담긴 것과 같은 사람이 아주 많다. 조상공양의 어려움을 절실히 느끼게 하는 부분이다.

마음이 조화되어 있어 빛이 강한 사람, 수호령의 빛이 내려와 사람들을 구제하는 힘을 가진 사람이 조상공양을 할 경우에는 그 빛은 확실히 저 세상의 영인에게 닿아 그들의 괴로움을 경감시키는 힘을 가지고 있다.

그러나 그렇지 않은 사람이 '조상의 영만 쫓아내면 어떻게든 행복해질 수 있다'고 생각하여 자기가 구원받고 싶은 일념一念으로 공양하는 경우에는 조상과 자손이 똑같이 괴로워하는 경우가 많다.

공양의 원점 — 자신이 빛을 발한다

조상공양에서는 아무쪼록 원점을 틀리지 않도록 해주길 바란다.

조상을 공양하려면 그 전제로서 공양하는 쪽에 수행이 필요하다. 우선 불법진리를 학습하는 일, 진리서적을 읽고 행복의 과학의 각종 행사에 참가하여 학습을 심화하는 일, 그리고 부처의 빛의 감각을 몸에 익히는 일이 중요하다. 그 결과 그 빛의 일부를 회향廻向할 수 있게 된다.

자신 스스로 빛을 발하는 등대가 되지 않고서 캄캄한 밤의 바다를 비추는 일은 불가능하다. 캄캄한 밤중에 항로를 알 수 없어 헤매며 표류하는 배가 있을 때 '그 배를 구해야만 한다'고 아무리 말해도 등대에서 빛을 밝힐 수 없으면 어쩔 수가 없을 것이다.

자기도 더듬거리고 찾고 있는 상태에서 '어떻게든 구하고 싶다'고 열심히 돌아다니기보다는 우선 빛을 밝힐 일이다. 그렇지 않으면 인도할 수 없다.

빛을 밝히기 위해서 이 세상 인간은 불법진리를 공부하고 수행을 할 필요가 있다. 그것을 하지 않고 오직 구제 받고 싶다는 일념으로 매일 조상공양만 하는 것은 생각해 볼 문제이다. 그것보다는 우선 수행을 해서 깨달음을 얻어야만 한다.

깨달음의 힘에 의해 조상은 공양을 받는다. 이것이 원점이다.

공양대제의 영적 의미

이렇게 조상공양에는 위험한 면도 있으므로 가정에서 빈번하게 조상공양을 하는 일은 권장할 수 없다.

그래서, 행복의 과학의 총본산 정심관에서는 총본산·조상공양대제總本山·祖上供養大祭나 영대공양永代供養 등을 실시한다. 또한 각 지부에서도 1년에 두 번 행복공양제幸福供養祭를 행한다.

따라서 행복의 과학 공양대제 등에 참가하여 빛이 강한 사람들과 함께 공양하는 편이 좋다. 도사導師가 있는 편이 안전하고, 다른 참가자들의 빛으로도 수호가 되므로 그런 장소에서 공양하는 편이 좋다.

또한 행복의 과학 공양대제의 회장에는 당연히 참가자의 수호·지도령이나 행복의 과학 지원령支援靈들이 와 있으므로, 집에 들러붙어서 자손에게 나쁜 짓을 하는 조상은 그런 영에게 발각된다.

그리고 '뭐야, 너는? 몇 년 동안이나 나쁜 짓을 한 모양이군'이라는 등의 말을 듣고, 무서운 선생님 앞에 불려나온 학생처럼 수그러들게 된다. 그들은 살아있는 인간에게는 보이지 않으므로 나쁜 짓을 할 수 있었지만, 저 세상의 영인에게는 보이기 때문에 '네 자손이 이렇게 열심히 노력하고 있는데도 계속 나쁜 짓을 해왔는가?'라며 꾸지람을 듣고 체념하고 얌전해진다.

요컨대 자손의 힘만으로는 구제할 수 없는 경우라도 행복의 과학 행사에 참가함으로써 잘못을 저지르는 조상을 고급령이 꾸짖어준다.

저 세상의 일은 저 세상 사람이 가장 정통하므로 기본적으로 영인靈人의 잘못은 저 세상의 고급령에게 맡기는 것이 지름길이다.

그렇게 행복의 과학 행사에 참가하는 일은 저 세상의 고급령과의 사이에 새로운 인연이 생기는 계기도 되므로, 조상공양은 될 수 있는 한, 행복의 과학 공양대제 회장에서 행하는 편이 좋다.

물론 가정에서도 1년에 몇 번인가 기일忌日 등에 가족 모두가 공양하는 것은 나쁜 일이 아니라고 할 수 있다. 그러나 너무 많이 하지 말아야 한다. 매일 아침·점심·저녁으로 공양한다거나 매일 밤 자기 전에 공양하기보다도, 스스로 착실히 수행을 해야 한다.

행복의 과학 근본경전인 ≪불설·정심법어佛說·正心法語≫를 독송하거나 불법진리 서적을 읽거나 하여 우선 자기자신의 깨달음을 높이는 데에 중점을 두고, 조상공양은 될 수 있는 한 도사가 있는 곳에서 행하는 편이 위험이 적고 효과도 크다.

죽음은 저 세상을 향한 여행길

제행무상으로서의 죽음

회사를 퇴직한 노년층을 보면 조상공양이 발생하는 원인을 알수 있다. 일을 할 수 없게 되어 수입이 없어지면 아들이나 딸을 의지하게 되는데, 그런 만년의 생활 자체가 조상공양과 이어져 있다고 생각해도 좋다.

나이가 듦에 따라 점차 편안한 심경이 되는 것이 좋은데, 많은 사람들은 '육체가 편치 않아 머지않아 죽는다'는 것에 대한 공포심이 아주 강해서 이것저것 지상에 집착하게 된다.

이 집착은 죽은 후에 공양을 바라는 마음과 같다. 이 세상에 대한 집착, 이를테면 육체, 생명, 가족, 땅, 집, 일 등 이런저런 것에 대한 집착이 공양을 바라는 마음의 근원이 된다.

죽음은 슬픈 일이다. 그러나 이것은 불교의 근본인 '제행무상'이다. 이것은 진리이며 바꿀 수는 없다. 늙음을 멈추는 일, 죽음을 피하는 일은 아무도 할 수 없는 일이다. 이것은 우주의 진리이며, 그런 이상, 사람은 그 진리에 따라 살고 그리고 지상을 떠나가야 한다.

죽음은 인간에게는 확실히 슬픈 일이기는 하지만, 영적인 눈으로 본다면 저 세상을 향한 여행길이며 본래의 세계로 되돌아가는 일이다. 이 세상에서의 생활은 외국에 유학한 것과 같으므로, 유학이 끝나 본국으로 돌아가는 일이 죽음이다.

사람의 심정으로서, 혹은 문화로서 죽음을 슬퍼하는 것은 이해되지만, 지나치게 슬퍼한다면 문제가 있다.

죽음은 영원한 이별이 아니다

죽음을 슬퍼하는 것은 영계를 알지 못하기 때문이기도 하다.

'죽은 사람과는 이제 만날 수 없다'고 생각할지 모르지만, 필자의 경우는 '그 사람이 이 세상에 살아있어서 만나지 않아도 되었다'는 사람이라도, 죽으면 자유자재로 찾아오기 때문에 귀찮아서 큰일이다.

이 세상에서는 누군가가 나를 만나고 싶다고 생각해도, 그 사람은 비행기나 자동차, 열차 등의 교통기관을 사용하지 않으면 만나러 올 수 없다. 또 내가 '바빠서'라고 말하면 나는 그 사람과 만나지 않아도 된다.

그런데 죽은 사람의 경우는 언제든지 자유롭게 올 수 있으니까 '아는 사람이 죽었다'는 말을 들으면 나는 솔직한 심정으로 '이거 큰일 났구나'하고 생각한다.

죽은 지 얼마 안 된 사람의 일을 열심히 생각하고 있으면, 영이 된 그 사람은 이 쪽의 업무에 관계없이 매일이라도 찾아온다.

저 세상 사람은 죽은 후 얼마 동안은 할 일이 없다. 저 세상에 돌아가자마자 바로 일을 갖는 사람은 상당히 수행이 진전되어 사명이 있는 사람이다. 보통사람의 경우, 죽은 직후는 실업상태이므로 한가하다.

그래서 이 세상 사람이 그 사람의 일을 강하게 생각하고 염을 내고 있으면 찾아온다. 부모에 국한되지 않고 친구나 아는 사람이나 회사의 동료라도 그렇다. 회사의 동료 등이 죽었을 때 '어떻게 하고 있을까?'라고 매일 그 사람의 일을 생각하고 있으면 그 사람이 찾아온다. 귀찮아서 죽을 지경이므로 조심해야 한다.

세간에서는 '죽음은 영원한 이별이며, 죽으면 이제 만날 수 없다'

고 하지만 그렇지는 않다. 매일이라도 온다.

내 경우는 자고 있을 때에 자주 표적이 된다. 낮에는 표면의식이 바쁘게 일하고 있으므로 죽은 사람의 영이 옆에 오더라도 그다지 상대하지 않아도 되지만, 자고 있을 때는 영계에 있을 때와 똑같은 상태가 되므로, 상대는 나에게 마음대로 말을 걸 수 있다. 그래서 이런저런 일을 이야기하러 온다.

이렇게 죽은 사람은 시끄러워서 지상쪽 일에 지장을 초래하기도 한다. 지옥령일 경우도 큰일이지만, 천국령이라도 이쪽의 사정에 관계없이 몇 번이나 찾아온다.

따라서 다소 냉정하다고는 생각되지만 '여기는 여기 나름으로 일이 있다. 당신도 저 세상에서의 일을 빨리 찾기를 바란다'라고 말하여 물러가 주기를 부탁하는 것이 원칙이다. '저 세상에도 일은 얼마든지 있으니까 이 세상의 일만 생각하지 말고 저 세상에서 일을 찾아야 한다. 그 일을 열심히 하고 있으면 이 세상의 일은 점점 잊혀진다. 이 세상에 너무 집착을 갖는 데에는 문제가 있다. 저 세상에서 일을 하기 바란다. 그 쪽이 행복하고 저 세상에서도 출세할 수 있다. 우리가 무언가 잘못하고 있을 때는 조언하러 와주어도 좋지만, 우리가 순조롭게 지내고 있을 때는 오지 않아도 된다'.

이렇게 말하며 피차 바쁘게 일하면서 조금은 거리를 두는 편이 좋다.

지상 사람이 영적으로 능력이 있는 상태가 되면 생각한 순간에 어디든지 통한다. 정말 '일념삼천一念三千'이며, 생각의 컨트롤이 얼마만큼 어려운가 알게 된다.

저 세상에서는 한순간에 통하지만, 이 세상에서도 어떤 사람의 일을 너무 생각하고 있으면 역시 동통同通한다. 일정시간 이상 특정한 사람의 일을 생각하고 있으면 그 사람과 동통하게 된다.

특히 나의 경우는 '영상전화'와 같은 세계여서, 상대가 살아있는 인간이더라도 그 사람에게로 조금만 생각을 돌리면 그 사람의 표정이나 생각 등이 염파를 타고 나한테로 찾아온다. 그리하여 '그런 말을 하고 싶었나? 알았다, 알았어'라고 말해 준다.

또한 살아있는 사람의 염만이 아니라 그 사람한테 붙은 영까지 같이 찾아와서 '지금 이런 상태에 있다' 라며 보고하는데, 이것이 또 성가시다.

이렇게 영적으로는 모든 세계, 모든 인류에 대한 네트워크가 이미 형성되어 있으므로 '어떻게 해서 생각을 컨트롤하고, 마음을 평정하게 하는가'라는 일이 아주 중요하다.

그런 의미에서는 자기수행에 전념하는 편이 좋다. '많은 사람을 구제하고 싶다'고 생각하면 생각할수록 잡념에서 거리를 두는 일

이 중요해진다. 그런 수행을 하지 않으면 많은 사람에게 빛을 발신
하는 일은 할 수 없게 된다.

구제의 전 단계 − 책임의 자각

조상이 천국에 돌아간 경우는 원칙적으로 '조상님께서 저 세상에서의 수행이 한층 더 진전될 수 있기를 비나이다'라는 마음으로 조상공양을 하고, 조상께 매년 한 번이나 두 번, 근황을 보고하면 될 것이다.

한편 조상이 지옥에 갔을 경우는 지상 사람이 수행을 쌓아 어느 정도의 법력을 가지고 간곡하게 설교를 하여 구해드릴 수 있다.

다만 이 세상에 있을 때 설교를 해도 구제할 수 없는 상대라면 그 사람이 저 세상에 가고 나서도 쉽게 구제할 수는 없다.

그런 경우에는 지옥에 있는 본인 자신의 수행이 필요해진다. '나의 어디가 잘못된 것일까'를 본인이 확실하게 자각하는 데까지 가지 않으면 구제에 들어갈 수 없다.

사후에 어두운 세계에 떨어진 사람은 처음에는 대부분의 경우

‘신이나 부처가 어디 있단 말이냐’라고 불신佛神을 원망한다. 그리고 ‘사회도 나쁘다. 정치도 나쁘다. 가족도 나쁘다. 모든 것이 다 나쁘다’고 열렬히 떠들어댄다.

그런 단계가 대충 끝나고 자기의 책임을 자각하여, ‘나의 어디가 나쁜 것일까’라는 데까지 반성이 미치지 않으면 그 다음 단계인 구제에는 거의 들어갈 수 없다. 그래서 본인의 자각을 촉구한다는 의미에서 지옥이라는 괴로운 세계가 있다.

지옥에서는 ‘어둡다, 춥다, 무섭다, 혹독하다’ 등 인간이 ‘싫다’고 여기는 것은 전부가 나타나므로 영계지식이 있다면 거기가 지옥인지 아닌지는 상당히 명확하게 판단할 수 있다.

저 세상에 돌아가서 만약 주위가 어둡다면 ‘천국도 지금은 밤이구나’라고 생각할지도 모르지만, 천국에 밤은 없으므로 ‘언제까지나 날이 새지 않는다. 묘하게 밤이 긴 것 같구나’라고 생각될 때에는 거기는 천국이 아니다.

또 ‘너무 춥구나’라고 느끼거나, ‘도깨비한테 꽤 얻어맞는구나’, ‘배가 고파서 어쩔 줄 모르겠다’, ‘몸이 마음대로 움직이지 않아서 괴롭다’ 등의 경우에도 그곳은 천국이 아니라고 생각해도 틀림없다.

‘괴로움, 쓸쓸함, 어두움, 고독’ 등을 느끼는 경우에는 천국이 아

제 4 장 조상공양의 진실

니라고 생각해도 좋다.

　그렇다면 천국은 어떤 곳일까?

　여러분의 인생에서 가장 행복했던 시절을 떠올려 보라. 그 시절의 행복한 감각이 천국의 상태라고 생각해도 좋을 것이다.

　민들레나 유채꽃이 피고 종달새나 배추흰나비가 날아다니면 '이제 곧 봄이 온다. 기쁘다'라는 봄의 예감이 들 것이다. 혹은 신학기가 되면 '한 학년 올라간다. 새 친구가 생기고, 새 교과서를 받을 수 있다. 기쁘다'라는 느낌이 들 것이다. 그것이 천국의 감각이다.

　저 세상에 돌아갔을 때, 주위가 그렇게 행복한 세계의 연장으로 보인다면 그곳은 천국이라 생각해도 좋다. 그러나 어둡고 적막하고 괴로운 세계라면 그곳은 지옥이라 생각해 주길 바란다.

　사후, 자기가 천국에 갈 지 지옥에 갈 지에 대해서는 자기자신이 직감적으로 알 수 있을 것이다. 또한 가족에 대해서도 어느 정도는 알 수 있을 것이다.

　그리고 지상 사람이 지옥에 떨어진 사람을 공양함으로서 구할 수 있는 경우도 있지만, 마지막에는 개인이 책임을 져야 하는 세계로 들어간다.

만년을 사는 마음가짐

이 세상에 대한 집착을 끊는다

인간인 이상 '생로병사'는 피할 수 없다. 피할 수 없는 것을 무리하게 피하려고 한다면 그것은 가라앉는 태양을 거꾸로 다시 떠오르게 하려는 일과 똑같아진다.

'인간은 늙어 가는 존재다'라고 자각하는 일이 중요하다.

늙으면 몸이 말을 듣지 않아 생각처럼 움직이지 못한다. 머리는 몽롱하고 눈은 침침하여 점점 세상으로부터 소외되어 방해자 취급을 받게 된다. 이는 고통스러운 일이다.

그러나 그것은 '해방의 날'이 다가옴을 의미한다. '자유자재로운 천상계로 돌아갈 날이 다가오고 있다'고 생각하여야 한다. 그 날을 마음속으로 기다리는 심경이 중요하다.

그리고 매일 집착을 줄여야 한다. 저 세상에 돌아가기 위해 점점 이 세상의 일을 정리하고, 이 세상에 대한 집착을 끊어 마음의 준비를 해야 한다.

발전이 초래하는 세대 간의 단절

일본이 메이지明治 시대 이후의 백 수십 년 동안에 발전한 모습을 보면, 3대나 4대 정도의 사이에 국력이 대단히 증진되었음을 알 수 있다. 일본은 메이지 이후 대단히 분발하여 국력을 신장시켜 왔다.

이 발전의 요인은 최근 백수십 년 동안 견실하게 교육을 실시해 왔기 때문이다. 새로운 문물을 받아들이고 공부하고 노력해 왔기 때문이다.

그 결과 증조할아버지보다는 할아버지, 할아버지보다는 아버지, 아버지보다는 아들, 아들보다는 손자라는 순서로 점차 훌륭해져 왔다.

물론 개별적으로 보면 '부모는 훌륭했는데 자식은 타락했다'는 경우도 있겠지만, 거시적인 시점에서 볼 때 '한 세대가 지나면 2배 정도 훌륭해졌다'고 생각해도 틀림없다. 나라의 성장도에서 보면 자식은 부모의 2배 정도 훌륭해져 있다.

그 이유는 자식에게 교육을 시킨 데에 있다. 교육제도가 발전해서 국민이 열심히 공부하였기 때문이다.

최근의 아이들은 부모가 갈 수 없었던 상급학교에 다니고 있고, 옛날에는 거의 할 수 없었던 해외유학도 간다.

이것은 옛날 말로 하면 '계급이 올라갔다'는 것이다. 부모보다 자식, 자식보다 손자 쪽이 '계급'이 올라간 것이다. 개중에는 반대로 몰락하는 사람도 있지만, 그것은 숫자로서는 적고 전체적으로 보면 계급이 올라간다.

그런 의미로 세대 간의 단절이 일어나고 있다. 그래서 '부모가 만년에 점점 나이를 먹어서 일을 할 수 없게 되면 자식과 대화할 수 없게 된다', '가치관의 차이로 인해 고부간의 갈등이 일어난다'는 등의 일이 있다. 그러나 거시적으로 보면 세대 간의 단절이 생기는 것이 당연하다.

농촌 등의 정체사회에서는 질서라는 전통적 틀의 역사가 되풀이되고 있다. '매년 똑같은 방식으로 농사를 짓고, 수확을 하고, 봄에는 씨를 뿌리고 가을에는 추수를 한다'는 단순재생산의 세계에서는 차례로 돌아가는 연공서열로 하는 것이 유지하기가 쉽다.

그런데 현대와 같은 발전사회에서는 세대 간의 단절이 격심하여 부모 대, 자식 대, 손자 대라는 식으로 세대와 함께 사회 등도 점차 변해 가는 것이라고 생각하여야만 한다.

'신인류新人類'라는 말이 있지만, 신인류는 자꾸 태어나고 있다. 그리고 나라의 발전을 보면 신인류 쪽이 우수하다는 것도 분명하다.

여러분이 고령자라면, 유감스럽게도 여러분보다도 여러분의 자식 세대 쪽이 틀림없이 우수하다. 그러나 여러분도 여러분의 아버지 세대보다는 우수하다.

그런 의미에서 '나이가 들면 부모는 뒤쳐진다'고 각오해야만 한다.

쇠락의 미학을 가지고 산다

고령자 여러분 중에는 고학력인 분도 계실 것이다. 그러나 30년 정도 지나면 학문의 내용은 상당히 변화된다. 그래서 의학에서도 수학에서도 낡은 지식은 별로 쓸모가 없다. 문과계통의 학문에서도 똑같다.

지금 관청에서 차관이나 국장을 맡은 사람들의 경우, 대학에서 경제학을 공부했다고 해도 그들의 학생시절에는 경제학의 주류는 마르크스 경제학이었다. 그런데 마르크스 경제학은 현대 사회에서는 맞지 않으며 진실과는 정반대이기 때문에 오히려 공부하지 않았던 편이 좋았을 것이다.

그런 쓸모없는 지식을 공부하여 성적이 최고였던 사람이 취직해서 높은 자리에 앉아 있으니 안 좋은 일이 발생하는 것이다.

'학생시절에는 놀았지만, 사회에 나와서부터 새로운 경제학을 현장에서 공부했다'는 사람들은 사회에 적합하다.

그러나 학생시절에 '너무 많이 공부했던' 사람들이 나라의 중추에서 강경하게 버티고 있으니까 지금 문제가 잔뜩 일어나고 있다. 그들이 몇십 년인가 전에 배운 학문은 쓸모가 없어졌으므로 뒤쳐진 것이다. 쓸모가 없는 학문으로 우수한 성적을 올렸던 사람들이 지금 관청에서 출세하고 있으며, 그들에게 시대의 적합성이 없는 것은 당연한 일이다.

반대로 학생시절에 별로 공부하지 않았지만 사회에 나와서 '새로운 학문을 공부하지 않으면 안 된다'고 서둘러 여러 가지로 공부한 사람들만이 지금의 시대에 적합성을 가지고 실사회에서 도움을 주고 있다.

이렇게 옛날의 학문은 별로 도움이 되지 않으므로, 여러분이 고학력으로 과거에는 우수했다 하더라도 여러분의 자식 세대한테는 추월당할 운명에 있다.

'나도 우수했다'고 해도 학문의 내용이 달라졌다. 과거에 '우수하다'고 칭찬 받았다고 해도, 현재는 칭찬해준 교수 자신이 이미

시대에 뒤쳐져 '과거의 유물'에 지나지 않게 되었을지도 모른다.

현대는 변화가 격심한 시대이고 10년 정도 지나면 여러 가지가 바뀌므로 30년 정도 지나면 학문은 통하지 않게 된다.

따라서 '자식은 부모보다 우수하다'고 생각하면 거의 틀림이 없다.

일찍이 자기가 '떨어질까 봐서 시험을 쳐 둔' 대학에 자기 자식이 들어가면 '부모 쪽이 우수하다'고 생각할지도 모르지만, 그래도 자식 쪽이 우수할 가능성이 높다.

여러분은 '나는 머지않아 자식에게 추월당해서 뒤쳐질 운명에 있다'고 각오하라.

그러나 이것은 나라가 발전하고 있는 증거이므로 기뻐해야 한다. 부모로서는 자식에게 추월당하고 뒤쳐진다면 '그만하면 안심하고 죽을 수 있다'고 생각해야 한다. '자식은 노력했다. 국가도 노력했다. 세계에도 미래가 있다'는 것이다.

자신이 자식들에게 뒤쳐진다고 노인으로서 푸념을 하기 시작했다면 나라가 발전하고 있는 증거이므로, 오히려 '이만하면 안심하고 죽을 수 있다'는 상태로 집착을 끊어야 한다. 그리고 '이 나라의 교육은 성공했다. 세계는 발전의 도상에 있다'고 생각하면 된다.

반대로 국력이 쇠퇴하는 나라에서는 부모보다도 자식 쪽의 수준이 뒤쳐진다. 별로 공부를 하지 않았을지도 모르지만, 혼적魂的으로도 뒤쳐져 있다고 할 수 있다.

국력이 한창일 때는 그 나라에 우수한 혼이 많이 태어나지만, 국력이 쇠퇴하면 우수한 혼들이 단념하기 시작하여 그다지 우수하지 않은 혼들이 많이 태어나게 된다.

그리고 100년을 하루같이 계속 똑같은 생활을 하는 나라에서는 비슷한 혼들이 되풀이해서 전생하고 있다고 생각해도 좋다.

결국 '급성장하는 나라에는 세대 간의 갭gap이 생겨나 부모는 자꾸자꾸 뒤쳐져 간다'고 각오하라. 여기에 집착을 가져서는 안 된다.

예를 들면 '나는 옛날에 항공공학을 공부했다. 매우 수재여서 프로펠러비행기를 날렸다'는 사람이라도, 지금은 그 아들이 로켓을 만들어서 날리는 시대이므로 비교가 안 된다. '아버지, 쓸데없는 말을 하지 마세요'라는 소리를 들어도 당연하다.

이런 일은 거시적인 차원으로 일어나고 있으므로, 부모의 인생관으로 자식을 제약하는 데에는 무리가 있다.

고부간의 문제에서도 시어머니가 옛날 여학교 정도의 가치관을 가지고 지금의 전문대졸이나 대졸의 여성, 또는 직장생활을 한 여성을 지도하기가 어려워지고 있다.

따라서 만년에는 '쇠락衰落의 미학'을 가지고 아름답게 단풍이 져서 떨어지는 모습을 즐겨야만 한다. 추월당한 것을 기뻐하는 심경이 중요하다. 그것이 이런 사회변동 안에서의 삶이다. 집착을 버리고 늙음을 맞이하는 일이 중요하다.

사후 비록 지옥에 떨어졌다고 해도 자손은 자손으로서 바쁘므로 '자손한테 구제 받자'고는 생각하지 말아야 한다. 반성에 의해 스스로 자기를 구할 수가 있으므로, 생전의 일에 대해 잘 반성하고 자기 힘으로 천상계에 올라가도록 한다.

더구나 지옥에는 천사들이 많이 내려와서 지도하고 있으므로, 자신의 불우함을 한탄하지 않고 순진하게 귀를 기울이는 마음만 있으면 천상계의 영들의 인도에 의해 천국에 들어갈 수 있다.

인간은 나이가 들면 점점 완고해져서 타인의 말을 듣지 않게 되는 경향이 있다. 그러나 '늙어서는 자식을 따라라'라는 말도 있는 것처럼 유연한 마음을 갖도록 노력하는 일이 중요하다.

저 세상에 돌아가서도 '나의 잘못은 언제라도 고치겠다'는 유연한 마음을 가질 일이다. '자손한테서도 배우고, 천상계에서 구제해 주는 영에 대해서도 영계 1년생으로서 귀를 기울여 배우겠다'는 유연한 자세가 필요하다.

조상공양을 할 때는 이런 것을 조상을 기념祈念해 드리는 일이 중요하다고 할 수 있다.

영원한 생명의 세계

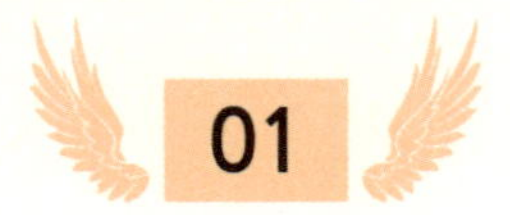

이 세상은 일시적인 세계

이 세상이 임시의 세계라는 증거이다

영원한 생명에 대해서 말하고자 한다.

그동안 여러 가지 책이나 법화를 통해 영원한 생명에 대해 되풀이 말해왔는데, 여러분이 그 진실의 중요성을 어느정도 마음에 새기고 있는지 확인하고자 한다.

인간의 진실한 생명은 유한한 것이 아니다. 그리고 이 세상에서 형성된 인생은 진실한 것이 아니라 일시적인 것에 지나지 않는다.

지금까지 살아온 수십 년의 인생이 진실한 것이 아니라는 증거는 '생로병사'라는 말로 상징되는 '사고四苦'의 존재에 있다.

왜 사람은 태어날 때에 괴로움 속을 통과해 나오는 것일까? 왜 어머니의 뱃속에서 기나긴 암흑 속에서 견뎌내는 것일까? 그리고 왜 울면서 태어나는 것일까?

원래 세계의 자유 자재로움을 잃고 부자유스런 세계에 태어나려고 하는 괴로움은 '생生'의 괴로움이다. 그것은 '하나부터 다시 시작하지 않으면 안 된다'는 불완전하게 살아가는 인생, 무명의 인생의 시작이기도 하다.

그러나 그런 식으로 태어나더라도 10년, 20년, 30년의 세월을 보내는 동안에 사람은 이 세상에 애착을 느끼고, 이 세상의 인생에 집착하게 된다. 스스로를 아끼면서 이 세상의 인간관계가 멋지다고 여겨서 이 세상 세계의 모든 것을 내 손에 넣고 싶다고 생각하게 된다.

그리고 청춘을 구가하고 인생의 한창 때를 맞이하면 이윽고 '노老', 늙음이 닥쳐온다. 몸의 아픔, 얼굴의 주름, 백발, 그리고 무엇보다도 의욕이 없어지고, 미래가 불투명해져서 꿈이 없어진다. 과거를 돌이켜보면 되돌릴 수 없는 청춘에 대한 추억에 집착하게 된다.

늙음은 남성에게도 여성에게도 잔인하게 다가와 거기서 도망치려 해도 결국은 붙잡혀버린다.

또한 '병病'의 괴로움이 있다. 사람은 모두 오체가 만족한 상태에서 건강하게 일생을 마치고 싶다고 생각하지만, 유감스럽게도 인생의 과정에서 병들 때를 맞는다. 그것은 동시에 실의의 때이고 원래 육체는 자기자신의 것이 아니라 임시의 것임을 느끼게 해주는 때이기도 하다.

'내 것이다'라고 생각하는 육체조차도 자기 것이 아니다. 그 증거로 자기 마음대로 되지 않는다. 이것은 특히 병들 때에 상징적으로 느끼는 일이다. '건강해지고 싶어도 되지 않는다', 혹은 '병에 걸리고 싶지 않은데도 걸리고 만다', 그것이 육체가 빌린 것이라는 증거이다.

나아가서 '사死', 죽음의 괴로움이다. 이것은 인간에게는 최대의 괴로움일 것이다.

지금 건강한 자신도 반드시 죽음을 맞이한다. 지금부터 100년 전에는 현재 살아있는 사람 거의가 이 지상에는 존재하지 않았다. 또한 지금부터 100년 후에는 지금 살아있는 사람은 거의 존재하지 않게 될 것이다.

이런 불안한 가운데를 살아가는 것은 큰일이다. 죽음의 공포에서 벗어나기 위해서 이 세상에만 관심을 두고 향락의 세월을 보내고 있어도, 이윽고 늙음이라는 괴로움이 채찍질하게 되어 죽음이 현실로 다가온다. 나이가 듦에 따라 마치 나뭇잎이 떨어지듯이 자기 주변에서 차례로 사람이 죽어간다.

제 5 장 영원한 생명의 세계

이런 '생로병사'의 사고四苦의 괴로움을 보면서, '진실이란 도대체 무엇일까? 진리란 도대체 무엇일까?'를 묻는 철학적 충동으로부터 자유로울 수 있는 사람은 드물 것이다.

인생에서의 여러 가지 고뇌

'사고四苦'에 덧붙여 이 세상에는 몇 가지 괴로움이 더 있다.

우선 '원증회고怨憎會苦'가 있다. 싫은 사람, 미운 사람과 만나는 괴로움이다.

'이 사람과 만나지 않았더라면 나는 행복했을 텐데'라고 생각될 만한 사람과 반드시 만나지 않으면 안될 운명이 있다. 그것은 직장사람이거나 가족이거나 친척이거나 가까운 주변에 있는 사람이거나 하다.

또 사랑하는 사람과 헤어지는 괴로움, '애별리고愛別離苦'도 반드시 찾아온다.

'이 사람하고만은 헤어지고 싶지 않다. 떨어지고 싶지 않다'라고 생각하는 친구나 사랑하는 아내, 남편, 자식들이 있어도 죽음은 무정하게 그런 인간관계를 무시하고 파도가 모래사장의 모든 것을 쓸어가듯이 사람을 데려간다.

나아가서 '구부득고求不得苦'가 있다. 구해도 얻을 수 없는 괴로움이다.

이것은 만인이 느끼는 괴로움이다. 누구든지 이 세상에 태어날 때는 울면서 태어났는데도, 수십 년의 인생을 살아가는 동안에 이 세상이 살기 좋아져서 이 세상에 있는 것을 '이것도, 저것도' 손에 넣고 싶어진다. 그리고 어느덧 자기가 집착 투성이의 인생을 살고 있다는 것을 느낀다.

그 집착은 인생의 반환점을 지난 후 더욱 더 심해진다. 40세, 50세, 60세가 되어 지위를 버릴 수 있는 사람, 명예를 버릴 수 있는 사람, 돈을 버릴 수 있는 사람, 혹은 인간관계를 버릴 수 있는 사람은 드물다. 집착은 연령과 함께 늘어나는 법이다. 그리고 구하는 마음도 한층 더 강해져 간다.

너무 강하게 계속 구하는 마음은 이 세상을 살아가려는 의지이고, 이 세상 안에서 자기실현을 이루려는 마음이기도 하다. 그러나 '구해도 얻을 수 없다'는 괴로움이 있다. 이것도 또한 이 세상이 진실한 세계가 아니라는 것을 나타낸다.

그리고 '오음성고五陰盛苦'가 있다. 오관번뇌가 활활 타오르는 괴로움이다.

'육체를 가지고 산다'는 것은 '오관번뇌가 불꽃처럼 타오르면서

제 5 장 영원한 생명의 세계

산다'는 것을 의미한다.

오음성고에는 식욕이나 성욕, 수면욕 등 육체를 갖는 것에 따르는 여러 가지 괴로움이 있다. 육체는 마치 자신 속에 동물을 기르는 것과 같은 탐욕의 괴로움을 초래한다. 사람은 세차게 타오르는 오관번뇌의 불꽃을 끌 수가 없어 그것이 사나운 말처럼 날뛰면서, 혼이 자기자신의 주인공이라는 것을 잊어버리게 만든다.

이것이 수십 년 동안에 대부분의 사람이 맛보는 인생의 고뇌이다. 사람은 이런 사고팔고四苦八苦의 인생을 살고 있는데, '인생은 그야말로 사고팔고다'라는 사실을 주시하는 일이야말로, 이 세상이 임시의 세계이며 진실한 세계가 아님을 증명한다.

진실한 세계가 아니기 때문에 그런 괴로움이 나타난다. 진실한 세계가 아닌 것에 구애되어 손에 넣으려 하고 집착하기 때문에 점점 괴로워진다.

혼을 단련하고 빛내기 위해서

태어나기 전의 세계, 그리고 죽은 뒤에 돌아갈 세계로 생각을 돌려보라. 그곳에 진실한 인생이 있다.

이 세상은 임시로 거쳐가는 세계이다. 영원한 생명을 사는 사람들끼리 동시대에 이 물질세계에서 육체에 깃들여 인간적 생활을 보냄으로써 서로 절차탁마하고 있다.

그리고 맹목적으로 인생을 사는 사람이 많기 때문에 위대한 빛들도 잇달아 이 세상에 내려와 중생구제를 위해 열심히 노력하고 있다. 어떤 사람은 남자의 육체에 깃들이고, 또 어떤 사람은 여자의 육체에 깃들이어 지상의 사람들을 교화하고 구제하는 일에 목숨을 걸고 있다.

이전에 일본에서 출간된 ≪영원의 법≫이 밀리언셀러가 되었다.

‘이 세상과 저 세상의 구조’와 ‘전생윤회의 법칙’을 이야기한 이 진실한 책은 모든 사람이 죽기 전에 한 번은 읽는 편이 좋을 것이다. 살아있는 동안에 읽어야만 그 인생은 빛나고 또 사후의 인생도 빛난다.

사람은 반드시 죽음을 맞이한다. 그것이 언제일지는 모른다. 오늘일지 내일일지, 아니면 1년 후일지, 10년 후일지, 20년 후일지 그것은 모르지만, 죽음은 100퍼센트 반드시 찾아온다.

‘그 후에 올 인생이야말로 진실한 인생이다’는 사실을, 또한 ‘금세는 그 후의 진실한 인생을 살기 위해 의미를 갖는다. 혼을 단련하고 빛내기 위해 커다란 의미를 갖는다’는 사실을 ≪영원의 법≫에서는 알려주고 있다.

진실한 가치관에 근거한 불국토를

　3차원 현상계에서의 인생은 일종의 학교이며, 혼에게는 배움의 장소일 뿐이다.

　그런데 대부분의 사람들은 이 임시의 세계를 진짜의 세계라고 생각하여 진실한 세계, 진정한 세계의 일을 잊어버리고 비웃는다.

　진실에 입각하지 않은 인생은 연약하고 허무하고 무너지기 쉬운 법이다. 진실한 인생에 눈뜨고 진실한 자기에 눈을 뜨면 그 인생은 금강불괴金剛不壞이다. 다이아몬드처럼 단단하고 계속 빛나는 존재가 된다.

　지금 모든 사람들에게 진실을 알리기 위한 사명이 일본을 중심으로 하여 전 세계를 향해 발신되고 있다.

　나의 소망은 한 가지이다. 진실한 가치관에 근거한 불국토를 이 세상에서 성취하는 일, 그리고 그 불국토가 영원한 생명에게 영원한 진화를 약속하는 것, 그것을 바라고 있다.

부디 한 사람이라도 많은 사람에게 영원한 생명의 세계에 대해서 전달하기 바란다.

그것은 진실이기 때문에 여러분은 용기를 가져야 한다. 진실의 편에 서 있는 사람은 참된 용기를 가져야만 한다.

진실은 강하고 패배하지 않는 법이다. 단호하게 그것을 널리 퍼뜨려가야 한다. 여러분의 사명은 진실을 깨닫고 그 진실을 퍼뜨려가는 일에 있다. 또한 전도를 계속해가야 한다. 인연 있는 중생들을 한없이 계속 구해가야만 한다.

앞으로도 그것을 위한 노력을 계속해 가고자 한다.

　본서 안에 나오는 영자선靈子線 '실버 코드silver-cord'에 대해서는 구약성서의 <전도서>제12장에서 '은색 끈이 끊어지면 금 그릇이 떨어져 부서진다……'라고 서술된 '은색 끈'이며, 일찍부터 알려져 있지만 현대의 기독교회도 인간의 죽음에 대해서는 올바로 이해하고 있지는 않을 것이다.

　뇌사상태에서의 장기이식의 문제점은 첫째, 본인의 혼이 아직 자기의 죽음을 인정하지 않음으로 인한 공포의 괴로움, 둘째, 뇌사자의 혼이 이식을 받는 자에게 빙의하여 사후의 세계로의 이행을 방해받음과 동시에 상대의 인격변화나 가족에 대한 장애를 일으키는 일이다. 불교적으로 올바른 보시布施로 성립되기 위해서는 보시하는 주체(시자 施者), 보시하는 상대(수자 受者), 보시하는 물품(시물 施物 : 이 경우 장기)에 부정 탐이 없을 것, 집착이 없어야 한다는 점이 필요하다.

　'삼륜청정三輪淸淨'. 즉, 장기제공자가 불법진리를 배워 사랑의 마음으로 주고 싶다고 생각할 것, 받는 사람도 깊이 진리를 이해하면서 감사할 것, 장기거래에 위법성이나 금전 대가代價를 수반하지 않을 것 등을 전제로 하여야만 올바른 보시가 성립된다. '죽으면 다 끝이다'라고 유물론적으로 생각해서 장기臟器 비즈니스의 일익을 담당하게 되면, 영계의 혼란에는 박차가 가해지고 죽은 자도 성불할 수 없다.

　한편 종교계에 눈을 돌리면 모든 불행을 조상 탓으로 하는 자손과 모든 괴로움을 자손 탓으로 하는 불성불령不成佛靈인 조상과의 합작에 의한 희비극으로서의 조상공양이 버젓이 통하고 있다. 깨달음은 개인에게 맡겨져 있다는 원점을 잊어서는 안 된다. 올바른 조상공양의 모습을 배웠으면 한다. 조상을 공양한다는 생각으로 다른 악령들에게 홀려 있는 가정도 많을 것이다.

　이 불법진리가 한 사람이라도 많은 사람의 지식이 되기를 진심으로 희망한다.

행복의 과학 창시자 겸 총재
오오카와 류우호오

오오카와 류우호오 총재 소개

'행복의 과학' 그룹 창시자 겸 총재.

1956년 7월 7일 일본 토쿠시마德島에서 태어남. 도쿄대학東京大學 법학부 (법학과) 졸업 후, 일본 대규모 종합상사에 입사, 뉴욕 본사에 근무하면서 뉴욕 시립대학 대학원에서 국제금융론을 공부하였다.

1981년에 대오大悟를 얻고, 인류 구제의 위대한 사명을 가진 '엘 칸타아레'임을 자각. 1986년에는 '행복의 과학'을 설립. 현재 일본 전국 및 해외 각국에 수많은 정사精舍를 건립하여 정력적으로 활동을 전개하고 있다.

저서는 27개 언어 이상으로 번역되어 발간 종수는 전 세계에서 1,500권을 넘었다. 출간된 저서는 ≪태양의 법≫ 등 일본에서 대다수가 베스트셀러, 밀리언셀러가 되었다. 주된 저서는 수많은 언어로 번역되어 전 세계에 다수의 독자들이 읽고 있다.

또한 미디어 문화 사업으로서 영화 '파이널 저지먼트', '신비의 법' 등 이미 8개 작품을 제작 및 총지휘하였다. 행복실현당, 행복의 과학 학원 중학교·고등학교·대학교(2015년 개교)의 창립자이기도 하다.

해피사이언스 입회 안내

해피사이언스(행복의 과학)는 원하시는 분은 누구나 입회가 가능합니다.

몇천 년 전의 사람들에게 설해진 가르침과 지금의 가르침은 달라야 합니다. 그것이 또다시 새로운 종교가 출현하는 이유입니다. 해피사이언스는 현대인의 고민과 스트레스를 해결해줄 수 있는 현대인의 종교입니다.

해피사이언스는 당신의 마음을 행복으로 가득 채워줄 수 있습니다(명상, 성공철학, 인간관계 향상법 등).

행복의 과학 서적 안내

* ≪태양의 법≫ 엘 칸타아레를 향한 길 – 지구의 문명과 미래 3천년의 문명
* ≪황금의 법≫ 엘 칸타아레의 역사관 – 위인들의 전생윤회 역사관
* ≪영원의 법≫ 엘 칸타아레의 세계관 – 영적인 세계의 차이와 의미
* ≪용기의 법≫ 열혈(熱血) 불과 같아라 – 인간은 무엇 때문에 사는가?
* ≪행복의 법≫ 인간을 행복하게 하는 4가지 원리 –
　　　　　　　어떤 사람도 반드시 행복해질 수 있는 원리
* ≪성공의 법≫ 진정한 엘리트를 향한 길 –
　　　　　　　진정한 성공으로 이끌어주는 소중한 마음가짐
* ≪석가의 본심≫ 되살아나는 불타의 깨달음 –
　　　　　　　이것을 읽어야만 불교의 진수를 알 수 있다
* ≪아임파인≫ 자신과 비전 있게 사는 7가지 스텝 –
　　　　　　　언제 어디서나 쉽게 읽을 수 있는 마음의 건강서
* ≪하우 어바웃 유≫ – 마음을 가볍게 충전시키기 위한 책
* ≪불황을 완벽하게 타개하는 법칙≫– 불황에 지지 않는 방법이 여기에 있다
* ≪진실에 대한 깨달음≫ 행복의 과학 입문 –
　　　　　　　진리에 다가가기 위한 입문서
* ≪러시아 신임대통령 푸틴과 제국의 미래≫
* ≪북한 종말의 시작 영적 진실의 충격≫
* ≪세계 황제를 노리는 남자 시진핑의 본심에 다가서다≫
* ≪한국 이명박 대통령의 영적 메시지≫ 한반도의 통일과 한일의 미래
* ≪북한과의 충돌을 예견한다≫
* ≪미래의 법≫ 새로운 지구의 세기(世紀)로
* ≪김정은의 본심에 다가서다≫
* ≪하세가와 케이타로 수호령 메시지≫

영원한

생명의 세계

2014년 6월 30일 제1판 1쇄 발행

지은이 / 오오카와 류우호오
옮긴이 / 행복의 과학
펴낸이 / 강선희
펴낸곳 / 가림출판사

등록 / 1992. 10. 6. 제 4-191호
주소 / 서울시 광진구 능동로 334 (중곡동) 경남빌딩 5층
대표전화 / 02)458-6451 팩스 / 02)458-6450
홈페이지 / www.galim.co.kr
전자우편 / galim@galim.co.kr

값 12,000원

ⓒ 오오카와 류우호오, 2014

ISBN 978-89-7895-384-9 13320

가림출판사 · 가림 M&B · 가림 Let's의 홈페이지(http://www.galim.co.kr)에 들
어오시면 가림출판사 · 가림 M&B · 가림 Let's의 신간도서 및 출간 예정 도서를
포함한 모든 책들을 만나실 수 있습니다.
온라인 서점들의 사이트에 링크하시어 종합 신간 안내 및 각종 도서 정보, 책과
관련된 문화 정보를 받아보실 수 있습니다.
또한 홈페이지 방문시 회원으로 가입하시면 신간 안내 자료를 보내드립니다.